Im Haifischteich

Ehrlich oder Makler?

Roman

Anette Dilger

Der Teufel kann sich auf die Schrift berufen,

Ein arg Gemüt, das heil`ges Zeugnis vorbringt,

Ist wie ein Schalk mit Lächeln auf der Wange,

Ein schöner Apfel, in dem Herzen faul:

O wie der Falschheit Außenseite glänzt!

William Shakespeare

ISBN: 978-3-9817903-0-6

Für Rainer, meinen ersten Fan, besten Ehemann und Freund, der mit seinem unerschöpflichen Optimismus und Humor half, dieses Buch entstehen zu lassen.

Danke

Meiner Freundin Petra - Sie gab mir die Möglichkeit, bei der Frankfurter Rundschau meine Freude am Schreiben wiederzuentdecken.

Meinen Eltern - Sie haben mir gezeigt, was es heißt, ein gutes Herz zu haben und bedingungslos füreinander dazusein.

Meinem Schwiegervater Wolfgang - Er hat sich heldenhaft durch alle Irrungen und Wirrungen meiner Sätze gearbeitet und gnadenlos korrigiert.

Peter, mein Schwager - ist Richter am Oberlandesgericht und hat mir geholfen, dass alle „Bösewichter" in der Geschichte ihre gerechte Strafe bekommen.

Kater Felix - Der verstorbene Kater Felix (er wurde nicht gepfählt, sondern starb an einer Krankheit) meiner Schwiegereltern am Comer See. Er war ein prachtvoller großer und auch etwas rundlicher, roter Kater, der gerne am Fischteich saß und die Goldfische beobachtete.

Matrix-Energie - Ohne sie hätte ich nicht die Kraft gehabt, meine Kreativität wiederzufinden.

Anna Goldmann erfüllt sich ihren persönlichen Traum und wird Maklerin bei dem renommierten Haus Drängl & Melkers in Frankfurt. Was anfangs ganz wunderbar scheint, entwickelt sich langsam zu einem Albtraum. Immer mehr sieht Anna hinter die Kulissen dieses Berufes, der, wenn er von skrupellosen und gierigen Menschen (Haien) ausgeübt wird, die Abgründe des Geschäfts offenbart. Anna fühlt sich zunehmend in die Enge getrieben, vor allem, da ihre finanzielle Situation sehr schwierig wird und sie unter Druck steht, endlich einen Abschluss zu tätigen. Als Anna sich auch noch von ihrem Freund Patrick trennt, scheint sie am Tiefpunkt ihres Lebens angekommen zu sein. Ein Kurztrip nach Mallorca markiert den Wendepunkt und sie fasst einen folgenschweren Entschluss.

Warnung:
Dieser Roman sowie alle darin vorkommenden Personen sind vollständig erfunden und satirisch. Ähnlichkeiten zu lebenden Personen sind rein zufällig. Sollten Sie Ähnlichkeiten zu lebenden Personen feststellen, machen Sie am besten einen großen Bogen um diese. Sicherheitshalber!

Dieser Roman spielt in Frankfurt, Kronberg und auf Mallorca.

Prolog

Er war ein echter Watonai. Seinen Namen verdankte er der Feder des japanischen Dichters Chikamatsu, der wusste, was es hieß, mit Härte und Entbehrungen aufzuwachsen. Der Dichter war der Sohn eines Samurai, der zu denen gehörte, die so gut wie immer siegten, aber den Buddhismus im Herzen trugen und ihren unterlegenen Gegnern nicht den Todesstoß versetzten.

Als die ersten Sonnenstrahlen am Morgen eines kalten Februartages durch die immer beschlagenen Fenster der Zoohandlung in der Stiftstraße fielen, schickte er zum ersten Mal kleine Luftblasen durch das Wasser, die ihren Weg bis an die Oberfläche fanden. Hell, bunt und wunderschön war es hier, verschiedene Wasserpflanzen brachen das Licht und ließen das ganze Spektrum an Licht und Schatten in verschieden Nuancen über die Kieselsteine spielen. Die Energie durchströmte seinen glänzenden Körper. Noch war er silbrig grau, kaum von seiner Umgebung zu unterscheiden, sein prachtvoller orange-goldener Schimmer war verborgen. Dass er bald seine eigene Dynastie gründen würde, konnte er noch nicht wissen, aber es war ihm vorherbestimmt.

Etwa vier Wochen später zappelte er im Netz, inzwischen war der orange-goldene Schimmer zart zu sehen und er war immerhin auf eine Größe von vier Zentimetern angewachsen. Jedenfalls war seine Größe ausreichend, damit ihn die stark kurzsichtige Praktikantin als Goldfisch erkennen konnte. Dass er ein „Watonai-Goldfisch" war und eine besonders auffallende schöne Schwanzflosse entwickeln würde, sagte sie der Kundin nicht. Sie wusste es selbst nicht, weil ihr es auch niemand erklärt hatte. Andernfalls wäre er auch nicht für 59 Cent verkauft worden, sondern für drei Euro, und die junge Kaugummi kauende Blondine mit dem Piercing durch die Oberlippe hätte dann nicht ihn, sondern einen gewöhnlichen Goldfisch in der zusammengebundenen Plastiktüte mit ihren spitzen, dunkelrot lackierten Nägeln aus der Tierhandlung getragen.

Jochen Hartmann, GF von Drängl & Melkers

Ein angenehmer erfrischender Duft nach Zitrone und Zedernholz zog durch die Büroräume. Der Designer Raymond Matt hatte diesen Duft eigens entworfen und ihn zusätzlich mit verschiedenen exklusiven Pheromonen versetzt, um die Kaufbereitschaft potentieller Kunden zu steigern. Die Kosten dieses Duftsprays waren allerdings so hoch, dass Jochen Hartmann sich überlegte, ob es nicht günstiger wäre, den Kunden im Shop eine Brise Koks anzubieten. Er hatte seine Assistentin Lisa angewiesen, diesen Duft äußerst sparsam zu verwenden. Ausschließlich bei 1a-VIP Kunden sollte diese Kostbarkeit versprüht werden. Dass es jetzt duftete, hatte einen anderen Grund. Hartmann hatte keine seiner Drogen oder Beruhigungspillen dabei, sodass er zwei Sprühstöße opferte und tief durchatmete. Er lief in seinem gläsernen Chefbüro wie ein Tiger auf und ab. Dabei strich er sich immer wieder kreisförmig über seinen deutlich hervortretenden Bauch, was ein Zeichen äußerster Nervosität bei ihm war.

Die Mittagssonne blitzte zwischen den Hochhäusern hindurch und warf ein warmes, helles Licht in die schicken, modernen Büroräume in der Börsenstraße. Auf zwei Ebenen mit über 250 qm feinster Bürofläche waren die Räumlichkeiten mit viel Glas und teuren USM-

Möbeln ausgestattet worden. Farblich abgestimmt im CI (Corporate Identity) der Firmenfarben Orange und Anthrazit, entsprach es der kataloghaften Vorstellung eines modernen Vorzeige-Büros. „Teuer und Edel", das war das Motto und Beuteschema von „Drängl & Melkers Wohnimmobilien".

Jochen Hartmann, der ehemalige Gebrauchtwagen-händler aus Friedberg, hatte von einem Bekannten erfahren, dass der aufstrebende Shop von „Drängl & Melkers Wohnimmobilien" in Frankfurt verkauft werden sollte und witterte darin die Chance seines Lebens. Seit er zusammen mit dem entlassenen Mitarbeiter des Star-Architekten Stephan Wächter sein Traumhaus auf Mallorca gebaut hatte, eine 500 qm große Villa an den Klippen in der Nähe von Andratx, war er der felsenfesten Überzeugung, dass er alles wusste, was man über Immobilien wissen musste. Verkaufen, das konnte er schließlich auch, zwar Gebrauchtwagen, aber da sah er keinen so großen Unterschied zu gebrauchten Immobilien. Die hatten auch alle ihre Macken und die Kunst war es eben, diese vorteilhaft ins Licht zu rücken.

Seine Spezialität war es gewesen, den jungen Frauen, die gerade ihren Führerschein in der Tasche hatten, Unfallwagen zu verkaufen. „Schöne Frau", pflegte er dann stets galant zu sagen, wenn er schick gekleidet mit einem 2000 Euro teuren Armani-Anzug und gegelten Haaren vor den meist unsicheren Frauen stand, „schöne Frau, sehen Sie doch mal diesen traumhaften VW Polo Baujahr 95, tipptopp in Schuss, der Kofferraum hinten ist nur leicht verbeult, aber ein kleiner Schlag mit diesem Schraubenzieher und schon springt er auf. Natürlich ist der Schraubenzieher inklusive." Auf den Einwand der

Frauen, doch lieber einen nichtverbeulten Wagen zu nehmen, erwiderte er stets: "Sehen Sie, junge Dame, Sie müssen das Ganze philosophisch betrachten. In jeder Katastrophe steckt auch etwas Gutes, das hat schon Nietzsche 1895 gesagt!" (Diesen Part veränderte er stets zu seiner eigenen Unterhaltung und wechselte zwischen Nietzsche, Goethe, Adenauer und Napoleon in der sicheren Überzeugung, dass sein Halbwissen den Bildungsstand der Abiturientinnen in Hessen deutlich überragte.) „Stellen Sie sich doch mal vor, Sie sind beim Einparken: Bornheim, Berger Straße! Sie sind spät dran, weil ihr Liebster Sie zum Dinner ins „Rink" eingeladen hat. Sie fahren bereits eine halbe Stunde verzweifelt herum, um einen Parkplatz zu finden, dann endlich fährt ein Smart raus. Sie nun rein, aber es ist knapp, sehr knapp..." Um der Situation die nötige Dramatik zu geben, legte er seine Hand ans speckige Kinn, kniff die Augen zusammen und runzelte die Stirn, sodass er eine gewisse Ähnlichkeit mit einer Bulldogge bekam. „Würden Sie nicht sagen", an dieser Stelle variierte er die Tonlage und wechselte zwei Oktaven rauf und runter, denn das hatte er sich von seinem Allianz-Vertreter abgeschaut, der ihm schon unzählige Versicherungen verkauft hatte, und der nebenbei Laienschauspieler bei den Theaterfestspielen in Bad Vilbel war, „würden Sie nicht sagen, dass es vorteilhaft ist, wenn das Auto bereits eine Macke hätte, sonst wäre der Abend mit dem Liebsten doch gelaufen! Sie würden sich die ganze Zeit über eine neue Beule am Auto ärgern." Dann grinste er breit, sodass sein Goldzahn links unten blinkte. Je nach Sonneneinstrahlung reflektierte der Zahn das Licht so stark, dass ein heller

Blitz herausschoss, der die jungen Kundinnen meist erschreckte.

Den gleichwohl mäßigen Erfolg mit seinem Autohandel konnte er an und für sich verschmerzen, da er bereits als 18-Jähriger ein beträchtliches Vermögen von seinem Großvater geerbt hatte, und der Handel mit den Pflanzen des Gewächshauses seiner Eltern florierte ebenso. Allerdings war nun das meiste Geld in den Bau der Villa in Andratx geflossen... und er pflegte neuerdings einen kostspieligen Lebensstil, vor allem, da er seit vier Monaten eine feste Freundin in München hatte, die er schließlich verwöhnen musste.

Hartmann wurde zunehmend nervös, weil er den Eindruck bekam, zu teuer gekauft zu haben. Der Laden musste unbedingt gut laufen, dachte er und strich sich über seinen Bauch. Er würde alles tun, um die Top-Verkäuferin Martina Kurz zu halten, sie war das Rennpferd in seinem Stall. „Ich muss sie mit den besten Deals füttern", überlegte Hartmann, „außerdem werde ich noch mehr Kaufberater einstellen", so viele wie möglich, schließlich kosteten ihn diese ja nichts und Konkurrenz belebt das Geschäft. „Mal sehen, wie sich Anna Goldmann machen wird." Sie hatte am Montag gerade den Vertrag unterschrieben und sollte das Team im Verkauf unterstützen.

Für den aufstrebenden Shop von Drängl & Melkers in der Börsenstraße hatte Hartmann einen viel zu hohen Kredit aufgenommen und infolgedessen sein Ferienhaus auf Mallorca an seine Patentante Pauline verkauft. Seine Patentante litt unter Bluthochdruck und konnte zwar keine Flugreisen mehr machen, aber aus Mitleid mit ihrem Ziehsohn, der noch nichts Richtiges im Leben auf die Beine gestellt hatte, kaufte sie ihm das Haus schließlich ab.

Beide wussten zu diesem Zeitpunkt noch nicht, dass das Haus praktisch wertlos war. Der Architekt hatte damals gerade seine Zulassung verloren. Das Gericht befand ihn schuldig, aufgrund falscher Statikberechnungen den Einsturz der Decke einer Villa in Portals Nous herbeigeführt zu haben, bei dem ein echter Van Gogh zerstört und die Haushälterin so stark verletzt wurde, dass diese nun gelähmt im Rollstuhl saß. Jürgen Hartmann kam damals das günstige Angebot des Architekten (ohne Zulassung) sehr entgegen. Seine Luxusvilla ganz oben in den Hügeln vor Andratx konnte damals nur gebaut werden, weil der Ex-Architekt den zuständigen Bauamtsleiter Carlos de la Roca bestochen hatte, in der Höhe einer sechsstelligen Summe, die das baldige Ausscheiden des Angestellten zur Folge hatte. Seine Tante Pauline hatte aber vor einer Woche Post vom Rathaus in Andratx bekommen. Julian Fernandes, der neue Bauamtsleiter, war gerade dabei, alle Bauanträge der letzten vier Jahre zu prüfen, die im Rathaus Andratx genehmigt worden waren und schrieb alle Eigentümer an, deren Häuser und Villen nicht den gesetzlichen Normen und Vorschriften entsprachen. Saftige Strafen winkten und in schlimmen Fällen wurde sogar der Rückbau angedroht.

Nicht nur, dass der Hartmann-Villa eine echte Baugenehmigung fehlte, viel schlimmer war, dass der Felsen, auf dem das Haus stand, nicht abgesichert war und die Erosion unaufhaltsam daran nagte. Ein Drittel des Gartens war bereits im Meer versunken und die Kosten, um den Fels dauerhaft mit Beton zu sichern, waren teurer, als eine neue Villa zu bauen. Doch auch davon wusste

Jochen Hartmann noch nichts, denn der Hausverwalter, der sich um die Villa kümmern sollte, kassierte zwar monatlich ein ordentliches Honorar, tauchte aber höchstens dann auf, nachdem Hartmann sich ansagte und im Moment war natürlich nicht an Urlaub zu denken, er hatte ja schließlich das Geschäft erst übernommen und gerade eine riesige Summe an Peter Geiling, den ehemaligen Shop-Leiter von Drängl & Melkers, überwiesen.

Der Vertrag

„Ich wusste, Du würdest es schaffen, meine Süße", freute sich Patrick und streichelte ihr zärtlich über die Wange. Anna strahlte ihn an, sie war einfach nur glücklich, es fühlte sich alles so rund an, es war genau das, was sie schon immer machen wollte. Jetzt hatte sie den Vertrag in der Tasche. „Du bist perfekt für den Job, Du hast das richtige Auftreten, kannst super mit Leuten umgehen, um sie zu öffnen und für Dich zu gewinnen. Anna, Du bist einfach ideal für „Sales", das habe ich Dir schon immer gesagt!"

Luigi goss den guten Brunello ein und strahlte ebenso. Er mochte die beiden, die schon seit einigen Jahren häufig bei ihm auftauchten und sich immer an den kleinen Tisch mit den ledernen Sesseln hinten im Restaurant „Lukullus" in Kronberg setzten. „Ein schönes Paar", dachte er, „und gute Kunden". Die verstanden auch was von Wein, bestellten immer den besten, den er gerade offen hatte oder auch mal eine der guten Flaschen. Dabei ließen sie sich auch gerne etwas Neues von ihm empfehlen und zuckten auch nicht zusammen, wenn die Rechnung dafür kam, schließlich waren 14 Euro für ein Glas Wein kein Pappenstiel. „Allora, ihr happen wir den Brunello di Montalcino 2004 von Tento il Poggione, wirklisch sehrr gut, probieren Sie, Senora, wird Ihnen schmecken." Anna nahm einen Schluck, ließ den Wein langsam über ihre Zunge gleiten und genoss die feinen Aromen. Samtig, wenig Tannine, etwas Kirsche und Vanille, einfach perfekt. „Toller Wein, Luigi, genau das Richtige für heute Abend!" Zwei Gläser später, nach dem Thunfischtartar auf dem Fenchelbett, einer gegrillten Dorade mit Ratatouille und der für sie beide speziell angefertigten Zabaione mit einer Kugel Vanilleeis, einem Grappa und einem Espresso dachte Anna, wie schön ihr Leben sei: Besser geht es nicht!

„Noch einen Absacker im Schlosshotel?" fragte sie Patrick, wohlwissend, dass er nicht ablehnen würde, und dass sie sicher für diesen Abend wieder büßen mussten. Wie immer, wenn sie über die Stränge schlugen und unvernünftig waren. Schlechter Schlaf war dann vorprogrammiert, man war eben keine 20 mehr und auch keine 30. Es war so angenehm, eine Bar wie „Jimmys" ganz in ihrer Nähe zu haben.

Das „Jimmys" im Schlosshotel Kronberg war die beste Bar weit und breit im Taunus und hatte jeden Tag bis mindestens 4.00 Uhr geöffnet. Wenn man nicht mehr fahren konnte, und das kam schon mal vor - denn Luca, der Barkeeper und das Herz dieser Bar, mixte hervorragende Drinks - dann konnten Anna und Patrick zu Fuß gehen oder, wenn auch das nicht mehr möglich war, konnte man mit dem Taxi die 800 Meter nach Hause rollen.

Anna liebte diese Bar, die, mit ihrem angestaubten altenglischen Interieur und echten Goyas an den Wänden, eine zeitlos gemütliche Atmosphäre verbreitete und die verschiedensten Leute aus der Gegend anzog. Da sie und ihr Freund sehr kommunikativ waren, lernten beide auch immer interessante Leute kennen.

„Hallo Luca, drei Gläser Champagner bitte, Du musst mit uns trinken, es gib was zu feiern", lachte Anna ihn an. „Schön, dass ihr wieder da seid, ihr süßen Turteltäubchen, zeig mal Deine Hände, Anna." „Autsch", dachte Anna, „nein, verlobt sind wir noch nicht", aber das konnte heute ihre gute Laune nicht wirklich trüben. „Nee, wir feiern heute meinen neuen Job, ich werde bei Drängl & Melkers als Immobilienmaklerin anfangen. Suchst Du ein Haus, mein Schatzi?", fragte sie scherzhaft. „Super, meine Hübsche, das passt zu Dir, freue mich für Dich, fängst Du hier im Taunus an?" „Nee, hier haben sie leider niemanden gesucht, ich bin in Frankfurt in der Innenstadt, in der Nähe der Börse."

"Excuse me guys, do you mind if I introduce myself". Ein ungefähr 50 Jahre alter Mann, der neben ihnen am Tresen stand, sprach die beiden an. „Wow", dachte Anna, „der sieht aber echt unverschämt gut aus, im schwarzen Zegna-Anzug, wie George Clooney, graumeliert, durchtrainiert, markantes, schmalgeschnittenes Gesicht." Er hatte ganz feine gepflegte Hände, die sogar manikürt waren, wie Anna fachkundig feststellte. Hände waren ihr extrem wichtig, und sie bildete sich ein, über die Hände auch Rückschlüsse auf die Persönlichkeit ziehen zu können. Anna zog unauffällig ihre eigenen Hände vom Tresen zurück, da sie schon länger nicht mehr in einem Nagelstudio gewesen war und sich in Anbetracht dieser makellosen Hände und des makellosen Kerls etwas unsicher fühlte. "My name is Johnny and I would like to invite you for a drink. I just got a new job and I'd like to celebrate with you guys." "Congratulations to you", antwortete Patrick und Anna lächelte ihn verzückt an und sagte: "But we can only accept if you will have another one on me. I've got a new job, too!"

Johnny Truman war amerikanischer Investmentbroker und hatte gerade seinen Vertrag bei der Deutschen Bank in Frankfurt unterschieben. Von Merrill Lynch in New York hatte er zudem eine satte Abfindung bekommen, sodass er allen Grund zum Feiern hatte. Er und sein junger Liebhaber David, der ein bekannter Musical-Star am Broadway war, suchten nun ein schnuckeliges kleines Penthouse in Frankfurt: "Nothing spectacular, I just want to spend about two million Euro. Anna Baby, do you think you will find me a decent space to live?" Da war Anna sich ganz sicher, dass sie für ihn was Tolles finden würde. Was für ein Tag, erst der Vertrag und dann noch gleich einen tollen Kunden, der ein Pfundskerl war, was sollte jetzt noch kommen?

Der Abend wurde extrem lustig. Nach dem Whisky Sour folgte ein Mai Tai und schließlich kam noch ein Prince von Wales, der Anna aber nicht sonderlich schmeckte, was aber nichts machte, da sie sowieso schon zu viel getrunken hatte. Sie sang stattdessen ihren Lieblingssong "I am what I am" in Begleitung des ukrainischen Pianisten Karl, der einiges gewöhnt war aus Jimmys Bar und ihr freundlich zunickte, obwohl sie ziemlich danebenlag. Es schien aber keinen zu stören, vielleicht waren die anderen Gäste auch unmusikalisch, betrunken oder einfach nur in ihre Gespräche vertieft, jedenfalls wurde sie nicht zum Aufhören genötigt oder wie in diesen amerikanischen Spielfilmen geschultert und rausgetragen. Sie hörte aber ganz von alleine auf, als sie nämlich nach dem Glas griff, das sie auf dem Flügel abgestellt hatte und dabei ins Leere fasste, das Gleichgewicht verlor und quer auf dem Schoss des verdutzten Pianisten Karls landete.

„Schatzi, hatten wir gestern noch Sex?", wollte Anna am nächsten Morgen wissen, als sie mit einem ordentlichen Brummschädel und einem sehr flauen Gefühl im Bauch aufwachte. „Sag bloß, Du weißt das nicht mehr? Du warst so wild und leidenschaftlich, hast mich total angemacht." „Ehem, ja sorry, jetzt erinnere ich mich wieder", log Anna, die sich noch nicht mal daran erinnern konnte, wie sie vom Schlosshotel nach Hause gekommen waren. Patrick grinste breit. „Du Schuft, hast mich reingelegt, na warte!", rief Anna und warf sich auf ihn und kitzelte ihn, bis er aus dem Bett sprang und ins Bad flüchtete.

Am Frühstückstisch fragte Patrick: „Wo ist denn eigentlich der Vertrag, zeig ihn mir doch mal bitte, meine süße kleine Immobilienmaus, ich bin ja so stolz auf Dich!" Anna holte den Vertrag und legte ihn auf den Tisch.

„Und Du bist sicher, dass Du kein Grundgehalt bekommst? Und kein Handy und keinen Zuschuss zum Sprit? Also gar nichts im Prinzip - tolles Geschäftsmodell, sollte ich mal in meiner Firma einführen!" „So kann man das ja nicht sehen", entgegnete Anna, „schließlich habe ich dort einen Arbeitsplatz, bekomme die ganze Infrastruktur geliefert, brauche mich um Werbung und Marketing nicht zu kümmern, sondern kann mich voll auf das Verkaufen von Immobilien konzentrieren. Das ist super für mich. Klar, am Anfang wird es hart sein und es kann einige Monate dauern, bis ich Geld verdienen werde." Dass sie ihre „Rücklagen" inzwischen fast aufgebraucht hatte, verschwieg sie ihm zu diesem Zeitpunkt. Die einwöchige Schulung, die Anna als Voraussetzung für den Vertrag in Berlin in Drängl & Melkers Schulungszentrum absolvieren musste, hatte sie weit über 2000 Euro gekostet. Flug und Hotel dorthin musste sie ebenfalls selbst zahlen. Es hatte sich aber gelohnt. Sie lernte dort alles über das ausgefeilte Marketingsystem der Firma. Rechtliche Themen wurden behandelt, welche Dokumente für den Verkauf notwendig sind, wie ein Grundbuch aufgebaut ist, was eine Baulast ist, wo man eine Flurkarte bestellen kann und wie man eine Besichtigung vorbereitet, durchführt und welche Verkaufsargumente gebracht werden sollten. Die Prüfung entsprach von den Anforderungen und dem Umfang her jener der IHK und ging über mehrere Stunden. Anna schnitt dort als Kursbeste mit einer Auszeichnung ab.

Als Patrick in seine Firma fuhr, legte Anna sich auf ihre neue schwarze Rolf Benz-Couch und genoss ihren letzten freien Tag mit einem großen Latte Macchiato und einer Trüffelpraline mit weißer Schokolade. Dazu legte sie ihre Lieblings-CD von Nora Jones auf, die konnte sie ohnehin nur hören, wenn Patrick aus dem Haus war, da sie ihn mit dieser CD schon überstrapaziert hatte. Anna gehörte zu der Sorte Menschen, die eine CD so lange hörten, bis sie sie wirklich nicht mehr ertragen konnten, und das konnte schon einige Monate dauern. Eine geliebte CD hatte schon etwas Rituelles für sie, kaum aufgelegt, entspannte sie sich.

Sie war sehr froh und erleichtert, dass sie den Entschluss gefasst hatte, in ihrer alten Firma, einer Personalberatungsagentur, zu kündigen. Sie erinnerte sich noch an ihr Einstellungsgespräch vor zweieinhalb Jahren, als ihr eine der beiden Partnerinnen der kleinen Firma, Frau Krätzel-Wolf, gegenübersaß. In dem einstündigen Interview mit Anna erwähnte sie mindestens dreimal, dass sie hier hochprofessionell arbeiteten und dass hohe Anforderungen an die Angestellten gestellt würden. In dem Glauben, als Junior-Beraterin eingestellt zu werden, entpuppte sich ihre Tätigkeit immer mehr als reine Assistentenstelle, böse gesagt, sie wurde als Büro-Tippse missbraucht. Dabei fing alles so gut an. Der Seniorpartner nahm sie gleich zum Kunden mit und sie brillierte dort. Vielleicht zu sehr, denn das war das einzige Mal, dass sie raus durfte aus dem kleinen eiskalten Büro im Nordend. Sommers wie winters lief dort eine Klimaanlage, um die Luftzufuhr zu sichern, da der Raum aus einem ehemaligen Archiv einer Anwaltskanzlei notdürftig als Büro hergerichtet wurde. Es gab nur ein winziges Fenster in dem langen schlauchartigen Büroraum. Die Klimaanlage kühlte einst die Lagerräume eines Fleischers, der im guten verschwägerten Kontakt zu dem Chef der Agentur stand, da er die ältere Schwester seiner Frau geheiratet hatte. Man munkelt, dass die Hochzeit vom Vater der Braut selbst arrangiert wurde, da die Tochter eine Hautkrankheit hatte, die eine extreme Pigmentstörung zur Folge hatte und ihr Gesicht fleckig erscheinen ließ wie das Fell eines Dalmatiners. Als sie 32 Jahre alt wurde und immer noch Jungfrau war, brachte der Vater sie kurzerhand unter die Haube. Der Metzgersohn hingegen, mit dem sie verkuppelt wurde, war kurzsichtig und farbenblind, sodass er, wenn er die Brille abnahm und seine Braut vor dem Schlafengehen küsste, zwar nicht immer ihren Mund traf, sich aber dafür einbildete, mit Angelina

Jolie das Bett zu teilen. Sicherlich war das Versprechen des Vaters, ihm bei seinem Geschäftsaufbau mit 47.000 Euro zu unterstützen, auch hilfreich gewesen für das Anbahnen der Hochzeit. Die Klimaanlage für das Kühlhaus jedoch war von einer amerikanischen Firma geliefert worden, die sich aber scheinbar verrechnet hatte, denn diese Klimaanlage hätte auch komplett die Jahrhunderthalle in Höchst zur Eissporthalle herunterkühlen können. Sie war für den 15 Quadratmeter großen Kühlraum vollkommen überdimensioniert, sodass diese extreme Kühlung der Ware schadete. Die Klimaanlage musste ausgewechselt werden und so wanderte das gute Stück in das kleine Büro im Nordend. Der extrem hohen Krankheitsrate der Mitarbeiter zum Trotz, die sich ganzjährig dieser eisigen Kälte aussetzen mussten, freute sich der kostenbewusste Chef über die brillante Lösung, diesen Abstellraum mit Hilfe der geschenkten Klimaanlage für seine Angestellten nutzen zu können. Nur die Büros der Partner waren hell und freundlich mit großen, luftigen Fenstern. Die drei Angestellten aber hausten in der eisigen, dunklen Gruft. Annas Talent wurde nicht erkannt, bzw. unterdrückt. Als sie mit einem unsicheren Kandidaten über eine Stunde telefonierte, weil ihre Chefin sich gerade mit einer Gurkenmaske zurückgezogen hatte und Anna Anweisungen gegeben hatte, unter keinen Umständen gestört zu werden, konnte sie ihm, Peter Kraus, einem vielversprechenden jungen Chemiker, die nötige Sicherheit geben, den Vertrag bei einem Schweizer Pharmaunternehmen zu unterschreiben.

„Das ist ja total unprofessionell, was fällt Ihnen ein, mit meinen Kandidaten zu sprechen? Und dann auch noch so schwachsinnige Dinge zu sagen, Sie sind wirklich noch blöder als ich dachte!" Weiß vor Wut stand die Chefin wie die böse Hexe Cruella oder ein sabbernder Bullterrier vor Anna und spuckte ihr den ganzen Hass ins Gesicht. Sie zerquetsche dabei die Gurkenscheiben, die sie wieder vom Gesicht abgenommen hatte, mit ihrer Hand, sodass die blassgrünliche Flüssigkeit auf den beigefarbenen Teppichboden lief und dunkle Flecken hinterließ. „Ja", sagte Anna ganz ruhig, „ich war wirklich blöd, viel zu lange habe ich mir Ihre Gemeinheiten gefallen lassen, suchen Sie sich eine andere, die Sie schikanieren können, ich mache das jedenfalls nicht länger mit!"

„Na endlich", kommentierte Patrick abends zu Hause die Kündigung seiner Freundin, „darauf hab' ich schon lange gewartet, die Dame war echt nicht integer. Das Leben ist viel zu kurz, um sich mit schwachen Leuten zu umgeben. Aber sag doch mal Süße, wie hast Du ihn eigentlich dazu gebracht, seinen Vertrag zu unterschreiben?"

„Er war unsicher, ob der Job das Richtige für ihn wäre, da er von uns angesprochen wurde und selbst noch gar nicht nach alternativen Angeboten geschaut hatte. Er dachte, es gäbe vielleicht noch bessere Angebote da draußen, die auf ihn warten würden... Ich sagte ihm, es ist wie in einer Beziehung, es kommt nicht darauf an, draußen herumzurennen, um den besten Partner für sich zu finden, sondern wenn man sich wohl fühlt in einer Beziehung, dann ist man angekommen. Es gibt bestimmt immer noch mehr Menschen, die vielleicht viel besser passen würden, darauf kommt es aber nicht an, sondern nur, ob man glücklich ist."

Ihr Leben an Patricks Seite fühlte sich für Anna richtig an. Mit ihm hatte sie das Gefühl, endlich angekommen zu sein und ein Zuhause zu haben. Außerdem konnte Patrick stundenlang tief entspannt auf der gemütlichen Rolf Benz-Couch im Wohnzimmer zubringen, in der einen Hand sein neustes iPhone 6, seine Informationsquelle, um brandheiße Themen zu recherchieren, die für seine IT-Firma relevant sein könnten, im anderen Arm seine anschmiegsame Anna, die er zärtlich kraulte wie ein Kätzchen.

Es fühlte sich alles so gut an für Anna. Seit der Schulung war sie sich ganz sicher, dass es ihr Traumberuf war, Immobilienmaklerin zu sein. Es ist ein vielseitiger Beruf. Neben Fachkenntnissen aus dem Immobilienbereich benötigt man auch psychologisches Einfühlungsvermögen bei den Kunden, Verkaufsgeschick, ein gutes Auge, um ansprechende Fotos zu schießen, sowie sprachliche Ausdrucksstärke für die Exposés. Ja, und natürlich ein Talent dafür, neue „Objekte", Häuser und Wohnungen zu finden, die verkauft werden sollten. Vor allem gefiel Anna die Vorstellung, neue Häuser zu entdecken und dann für jedes Haus die Besonderheit, das einzigartig Schöne herauszuarbeiten und die Kunden dafür zu begeistern.

Anna hatte ihr „Rundumsorglos-Leben" bereits vor zwei Jahren aufgegeben, als sie sich nach fast 20 Jahren Ehe von ihrem Mann Norbert scheiden ließ. Norbert beeindruckte die damals erst 20-jährige Anna durch seinen starken Willen, ein Wangengrübchen und seine Naturverbundenheit.

Sie lernten sich in München beim Studium kennen. Anna studierte Theaterwissenschaften und er BWL. Norbert nahm sie mit in die Berge, brachte ihr bei, wie man klettert, mit Pickel und Steigeisen umgeht und wie man auf eiskalten Hütten ohne Wasser und Klo übernachten konnte. Nachdem die erste Phase der Verliebtheit vorbei war, musste Anna erkennen, dass Norbert immer öfter ohne sie auf Bergtouren gehen wollte, da Anna ihm zu langsam war, und sie außerdem auch auf einer guten und regelmäßigen Brotzeit bestand, was ihn zusätzliche Zeit und Höhenmeter kostete. Oft saß sie dann stundenlang alleine auf den Hütten unterhalb des Gipfels, aß Leberknödel-Suppe, Kaiserschmarren und später am Nachmittag Apfelstrudel und Käsebrote, bis Norbert nach vier bis sechs Stunden, zwei Gipfelbesteigungen und 1500 gestiegenen Höhenmetern wieder herabkam.

Entgegen ihrem Bauchgefühl heiratete sie ihn trotzdem und zog mit ihm nach Stuttgart, wo er sich bei Mercedes vom hoffnungsvollen Trainee bis zum „Marketing Leiter Europe" hocharbeitete. Er verbrachte viel Zeit im Ausland auf irgendwelchen „Global Meetings", zu denen Anna nie mit durfte. Meistens verband Norbert seinen Businesstrip auch noch mit einer Bergbesteigung oder zumindest mit einem Marathon und ließ Anna alleine zuhause in der Dreizimmerwohnung und mit den 597.939 Stuttgarter Schwaben. Anna hasste den schwäbischen Dialekt und war nur mäßig begeistert von der üppigen kalorienreichen Küche, die im krassen Gegensatz stand zu der ansonsten sparsamen und geizigen Art der Schwaben. Außer seinen Schweiß durchtränkten Finisher-Shirts aus New York, Tokio, Dubai, San Francisco, vom Kilimandscharo, Athen und Paris brachte er Anna ein Parfum aus dem Duty free-Shop mit und achtete stets darauf, nur Angebote zu kaufen. Norberts Familie stammte ebenfalls aus Schwaben.

Als Anna vor zehn Jahren das Haus ihrer Großeltern in Kronberg erbte, konnte sie Norbert überzeugen, sich nach Frankfurt versetzen zu lassen. Norbert nahm einen Kredit auf, und die beiden sanierten den in die Jahre gekommenen Altbau, sodass sie in das kleine Haus in der Gartenstraße einziehen konnten. Die Wochenenden verbrachte das Paar meist mit Mountainbikefahren im Taunus. Über den Herzberg und die Saalburg ging es zum Sandplacken, anschließend zum Feldberg, dann weiter nach Oberems, hoch nach Schmitten, von dort wieder zurück Richtung Fuchstanz, vorbei an den Restaurants und gemütlich sitzenden Radfahrern und dann eben mal schnell noch auf den Altkönig, um dann wieder bergabwärts nach Kronberg zu sausen. War es zu kalt oder regnete es, beschloss Norbert, mit ihr stundenlange Jogging-Touren zu unternehmen, sodass Anna sich fragte, ob die Couch im Wohnzimmer nur für ihre Gäste da war. Der Vorteil dieser Wochenend-(tor)-Touren war, dass sie einen perfekten Body-Mass-Index von gerade mal 18 vorweisen konnte und beim jährlichen Ärztecheck vom untersuchenden Hausarzt anerkennend bestätigt bekam, sie hätte die Fitness eines Silbermedaillen-Gewinners im Fechten. Woher diese Tabellen mit den Vergleichen kamen, wusste der Arzt nicht und Anna vermied es, Norbert dies zu erzählen, da sie fürchtete, er würde sie antreiben, beim nächsten Check-up den Fitnessstand des Goldmedaillen-Gewinners zu erreichen. Die Ehe der beiden blieb zum großen Bedauern von

Anna kinderlos. Sie schaffte es nicht, den Zeitpunkt ihres Eisprungs passend zu den kurzen Stopps ihres Mannes zu Hause zu verlegen.

Dieses „Rundumsorglos-Leben" an der Seite eines gutverdienenden Mannes, der nie da ist, teilte Anna mit vielen weiteren „Leidensgenossinnen" der Kronberger besseren Gesellschaft, die mit ihren großen SUVs zwischen Champagner-Frühstück, Fitnessstudio und den drei noblen Bekleidungsboutiquen am Ort herumfuhren, um sich zu zerstreuen. „Es gibt hier auch Frauen mit Tiefgang, die andere Probleme haben als einen abgebrochenen Fingernagel", entgegnete dann Annas Freundin Karin entschieden, wenn Anna die Kronberger Damen zu kritisch und einseitig darstellte. Karin war ihre beste Freundin in Kronberg und obwohl die beiden in vielen Aspekten sehr unterschiedlich waren und auch unterschiedlich über das Leben dachten, war es vor allem die Herzlichkeit, die Offenheit und der Humor, der die beiden verband. Karin war schließlich Scheidungsanwältin und ihre Kanzlei boomte. Sie wusste, dass es hier auch ernsthafte Probleme gab. Vor allem nach einer Scheidung. Aber auch vorher. Kronberg lohnte sich.

Auch der Bürgermeister von Kronberg war stets bemüht, ein ausgewogenes Image von Kronberg zu entwerfen. Kronberg sollte für jedermann erschwinglich sein. Junge Familien sollten ein neues Zuhause in Kronberg finden können. „Die Anzahl der Bürger im Alter von 20-40 Jahren ist in Kronberg weit unter dem Landesdurchschnitt", gab der Bürgermeister bei jeder Magistratssitzung zu verstehen und versuchte sich Gehör zu verschaffen. Nur der erste Stadtrat nickte zustimmend. Als Einziger half er alleine schon dadurch, dass er mit seinem

„jugendlichen" Alter den Schnitt des Magistrats senkte. „Die Überalterung unserer Stadt muss aufgehalten werden", so der Tenor des wild entschlossenen Bürgermeisters und wie einst der mutige „Ritter von Kronberg" war er bereit, für seine Sache in die Schlacht zu ziehen und furchtlos zu kämpfen. Deshalb versuchte er bezahlbaren Wohnraum zu schaffen, aber außer ihm wollte das sonst keiner in Kronberg. Die alteingesessenen Kronberger, die entweder im Rentenalter in den noblen „Rosenhof" einzogen oder im „Altkönig-Stift" ihren Lebensabend verbringen wollten, versuchten so viel wie möglich aus ihren alten Häusern rauszuholen. Ihnen war der „Hype" auf das „weiße Gold" nach der Finanzkrise von 2009 ein willkommener Anlass, Höchstpreise aufzurufen. Der knappe, begehrte Wohnraum sollte auch weiterhin knapp und begehrt bleiben. Und jeder Versuch der Stadt, Neubauwohngebiete auszuweisen, gipfelte in einer Bürgerinitiative gegen das geplante Bauvorhaben. Kronberg rangierte auf Platz 1 bei der Jagd auf die besten Häuser im Taunus. Die Schönen und Reichen oder auch die Reichen, die nicht so schön waren, standen Schlange, sobald ein neues Haus auf den Markt kam. Es war „hipp", im Taunus zu residieren und in Frankfurt zu arbeiten und wer es sich leisten konnte, zog hierher. Der offizielle Bodenrichtwert von 750 Euro pro Quadratmeter Grund in den Toplagen wurde fast ausnahmslos überschritten. Quadratmeterpreise bis zu 1500 Euro bezahlte man zähneknirschend, nur um einen Platz im am Fuße des Altkönigs gelegenen Örtchens Kronberg zu ergattern. In der Regel standen diese Neuzugezogenen meist mitten im Leben und waren 40+. Das Geld für das Grundstück mit dem alten Haus aus den Siebzigern, welches dann meistens einer Abrissbirne zum Opfer fiel, musste schließlich erst verdient werden. Es sei denn, man hatte geerbt. Diese „Erb-Reichen" gab es in Kronberg auch, mal mit und mal ohne Adelstitel. Das Alter dieser Kronberger Bürgerspezies rangierte von 50+ - 90+.

Dass an über 70 Einrichtungen, Tankstellen, Sportvereinen und Schulen „Zahnrettungsboxen" eingeführt wurden, ist dem unermüdlichen Optimismus des Bürgermeisters zu verdanken, der alles versuchte, um den Altersdurchschnitt der Bürger seiner Stadt zu senken und dabei auch mal zu etwas unkonventionellen und kreativen Maßnahmen griff. Zur Erklärung: „Zahnrettungsboxen können ausgeschlagene Zähne erhalten. Sie verhindern das Absterben des Gewebes, die empfindliche Wurzelhaut bleibt erhalten. Bei einer falschen Lagerung sterben diese wichtigen Zellen innerhalb kürzester Zeit ab."

So kann es natürlich sehr attraktiv sein, in einer Stadt zu wohnen, die ein großflächiges Netz an Zahnrettungsboxen etabliert hatte. Vor allem, wenn diese Stadt statistisch gesehen in einem Bundesland liegt, das klarer Tabellensieger war, wenn es um Avulsionen (ausgeschlagene Zähne) ging, die beim statistischen Bundesamt registriert worden waren. Hessen führte mit 71 Avulsionen die Tabelle an, gefolgt von Sachsen mit 35 und an dritter Stelle NRW mit 17. Schlusslicht und Tabellenletzter waren die Bayern, die hatten zum Bedauern des Statistikers im Bundesamt nur eine glatte 0 vorzuweisen.

Einzige Voraussetzung für eine Zahnrettung war, dass man noch echte Zähne hatte, und dass die auch ausgeschlagen wurden, sonst brauchte man diese Boxen ja nicht. Der örtliche Hockeyverein und der Golfclub Kronberg eigneten sich bestens, um in die Nähe von ausgeschlagenen Zähnen zu kommen, zumindest der Wahrscheinlichkeit nach.. Die Chancen, aufgrund einer Schlägerei oder eines Überfalls in Kronberg Zähne zu verlieren, waren nicht sehr hoch. Die Kriminalitätsrate in Kronberg war verhältnismäßig niedrig im Vergleich zu anderen Gemeinden. Abgesehen von Delikten wie Steuerhinterziehung, die in der Regel nicht zum Zahnverlust führten, war es in Kronberg sehr ruhig.

Ob sich die städtische Investition einer Zahnrettungsbox im Kronberger Golfclub lohnte, war fraglich. Der Altersdurchschnitt der Mitglieder lag hier bei 78,6 Jahren. Natürlich war es auch fast unmöglich für ein „Nichtmitglied des Golfclubs", wie es der Bürgermeister war, festzustellen, welche Substanz die Zähne der Kronberger Golfer hatten. Anna selbst hatte nur einmal das „Vergnügen" gehabt, die verbissene Ernsthaftigkeit zu erleben, mit der die Kronberger Golfdamen die Eisen schwangen. Karin hatte sie zu einem „Freundschaftsturnier" eingeladen, da sie wusste, dass die Freundin Platzreife hatte und als VCG-Mitglied schon einige Turniere gespielt hatte. Annas Flight bestand aus drei älteren eisernen Ladies, die es schafften, 18 Loch zu spielen, ohne zu lächeln oder ein paar nette Worte mit Anna zu wechseln. Daher konnte auch Anna selbst nicht wissen, wie die Zähne ihrer Golfpartnerinnen aussahen und ob sie noch echt waren. Viele ihrer eigenen Zähne waren bereits abgestorben, was aber nicht daran lag, dass ihr die Golfladies vielleicht aus Versehen das 6er Eisen ins Gesicht geschlagen hätten. Anna hatte peinlich darauf geachtet, beim Turnier nicht im Weg zu stehen oder zu stören. Mit den ehrgeizigen, verbissenen Golden Ladies des Golfclubs Kronberg war nicht zu spaßen. Es war erblich bedingt. Sie hatte trotz intensiver Zahnpflege keine stabilen Zähne und schon viele schmerzhafte Wurzelbehandlungen hinter sich bringen müssen. „Humbug", das jedenfalls war die Meinung des örtlichen Zahnarztes zum Thema „Zahnrettungsbox" für Kronberg: "Entweder man ist doch nicht in der Nähe einer Box oder die Boxen sind abgelaufen. Der einfache Transport des Zahnes in der mundeigenen Backentasche tut es auch." Er konnte den ganzen Medien-Hype im „Kronberger Boten" um das Zahnrettungsbox-Thema nicht nachvollziehen. Schließlich war auch der Großteil seiner Patienten 50+, und er hatte sich in Kronberg bereits einen Namen gemacht mit seinen bombenfesten Implantaten.

Das Golfturnier mit den nicht-zähnefletschenden Ladies war jedenfalls einfach nur gruselig gewesen und Anna floh noch während der Siegerehrung, da sie die steife, formelle und feindselige Atmosphäre nicht ertragen konnte. Weitere Zusammenkünfte mit diesem Golfclub lehnte Anna ab, obwohl Karin sie noch öfters ermuntert hatte mitzuspielen.

Charité war auch ein beliebter Freizeitsport bei den Kronberger-Ladies. Anna schloss sich dem American Women's Club in Frankfurt an, um ihr angestaubtes Englisch aufzupolieren und konnte dabei gleichzeitig etwas Gutes tun. Einen Malkurs an der Kronberger Akademie belegte sie ebenfalls. Sie liebte es zu malen, saß stundenlang in sich versunken vor ihrer Staffelei und vergaß die Zeit. Doch der rationale Norbert überredete sie dazu, doch besser etwas „Ernsthaftes" zu suchen. Natürlich in Teilzeit, damit die Finisher-Shirts weiterhin gewaschen werden konnten, und der Kühlschrank und die Regale mit Fitnessriegeln, Eiweißpulver und probiotischen Joghurts gefüllt waren, wenn er dann mal zu Hause war.

Der „ernsthafte Job" in einer kleinen Personalberatung konnte zum Leidwesen von Norbert nur als Fulltime-Job bewältigt werden, sodass sie sich den Unwillen ihres Mannes zuzog, der es vermied, häusliche Tätigkeiten zu übernehmen und Anna zu entlasten.

Als sie eines Tages den gutaussehenden Patrick Schütz zum Interview für eine Geschäftsführerposition in die Personalagentur einlud, lehnte dieser zwar die Stelle ab, lud aber Anna als „Entschädigung" dafür ins Restaurant „Opera" ein.

Zwei Wochen später beschloss Anna, sich von Norbert zu trennen.

Martina Kurz, Top-Verkäuferin von Drängl & Melkers

Martina Kurz war immer die erste, die morgens im Shop von Drängl & Melkers in der Börsenstraße auftauchte. Noch bevor die Sekretärin Lisa gegen 9.00 Uhr erschien, nutze Martina Kurz diese frühen Morgenstunden, um in Ruhe in den Schubladen ihrer Kollegen herumstöbern zu können. Diese Spionageaktionen waren durchaus lukrativ für sie. Sie wusste schon lange vor der offiziellen Präsentation der neuen Immobilien im wöchentlichen Teammeeting, was auf den Markt kommen würde und konnte als erste ihre Kunden „heiß machen". Gelegentlich schaffte sie es sogar, den Kollegen das Geschäft ganz wegzuschnappen, indem sie hinter ihren Rücken die Eigentümer besuchte, noch bevor diese die Bewertung der Immobilie vornehmen konnten. Sie erklärte dann den verblüfften Kollegen, dass sie bereits seit Jahren in gutem Kontakt mit dem Eigentümer stand und schon längst einen Auftrag für die Vermarktung bekommen hatte. Da alle Chefs, der neue wie der alte, die beste Verkäuferin stets wie eine Diva bei Laune halten wollten, konnte sie praktisch machen, was sie wollte, solange sie verkaufte. Sie hatte die uneingeschränkte Macht im Frankfurter Shop bei Drängl & Melkers.

Martina lernte schon früh, was es heißt, sich durchsetzen zu müssen. Sie wuchs bei ihrer Mutter auf, die sie damals nur widerwillig auf die Welt brachte, da die Schwangerschaft ihre Pläne als aufstrebende Konzertpianistin durchkreuzte. So verabschiedete sich die werdende Mutter im zarten Alter von 17 Jahren von ihren Träumen und dem Dirigenten und Vater ihres ungeborenen Kindes, der zusammen mit der ersten Sopranistin, einer vollbusige Schönheit, einen Vertrag der Prager Philharmonie annahm und den sie nie wiedersehen sollte. Die Mutter spielte seitdem abends in Cafés und Bars, um sich und das Kind durchzubringen. Tagsüber saß sie übermüdet und deprimiert mit dem Kind in der kleinen Wohnung, hörte Beethoven und Chopin und träumte sich weg, während Klein-Martina alles versuchte, um ihrer Mutter zu gefallen. Das Betteln um Liebe und Aufmerksamkeit erzeugte eine Art narzisstische Störung bei Martina, die dazu führte, dass sie paranoide Ängste vor Viren und Bakterien entwickelte, sodass sie immer mit einem Desinfektionsspray herumlief und sich und ihre Umgebung desinfizierte.

Sie trug ihre blonden, mittellangen Haare meist zum altmodischen Dutt hochgesteckt oder flocht sie zu Zöpfen. Ihr Gesicht war ein bisschen breit, es wirkte nahezu derb. Die auseinanderstehenden oberen Schneidezähne gaben ihr einen naiven, fast einfältigen Ausdruck. Ihr harmloses Erscheinungsbild unterstrich Martina noch damit, dass sie öfters im Dirndl ins Büro kam, vor allem dann, wenn sie bei älteren Damen auf Akquise-Tour ging, um an ihre Häuser zu kommen.

Heute war Martina schon um 8.00 Uhr im Office, denn es sollte eine neue Kaufberaterin anfangen und sie musste dringend noch einige Kontakte für sich sichern. Sie hatte mit Jochen Hartmann besprochen, dass sie der Neuen das Diplomatenviertel als Gebiet überlassen wollte. Ein sehr schwieriges Gebiet, da dort fast keine Häuser verkauft wurden. Sie gab das Gebiet gerne ab. Es kostete nur Zeit und brachte fast keinen Umsatz. Die meisten Häuser gingen dort nur unter der Hand weg. Es war fast unmöglich, als Makler dort etwas Neues zu akquirieren. Außer natürlich, irgendwelche durchgedrehten Eigentümer wollten Phantasiepreise, dann kamen sie zu Drängl & Melkers. Sie selbst hatte noch das Holzhausen-Viertel, das „Filetstück" von Frankfurt, die begehrteste und teuerste Lage und natürlich auch größtenteils das Westend-Nord, ebenfalls eine Top-Adresse in Frankfurt. Das sollte reichen, um wieder zur Verkäuferin des Jahres bei Drängl & Melkers zu werden. Aber es gab einige interessante Häuser im Diplomatenviertel, die wirklich gut waren und die Frist, die Eigentümer zu kontaktieren, war schon abgelaufen. Drei Monate ohne eine gebuchte Aktion und der Kunde wurde im Pool der Datenbank freigegeben. Jeder Kaufberater konnte ihn dann für sich sichern, sobald eine Aktion erfolgte. Jetzt galt es schnell zu handeln. Sie desinfizierte rasch ihre Tastatur und die Maus, dann fuhr sie den Computer hoch, loggte sich ins Intranet der Firma ein. Klick, das erste Haus war sicher. Sie trug „NE" ein: „Nicht erreicht." Klar, sie konnte doch jetzt nicht alle Eigentümer anrufen und schon gar nicht so früh, aber wer wollte schon ein „NE" nachprüfen. Klick, klick, klick… jetzt hatte sie sich alle interessanten Häuser gesichert. Geschafft. Martina ging in die Küche, desinfizierte die Kaffeemaschine und holte sich einen Kaffee. Es blieb noch genügend Zeit, in Ruhe die

Schubladen zu kontrollieren, bevor Lisa erscheinen würde.

Angelina

Angelina saß in ihrem geblümten Ohrensessel, neben ihr standen auf dem kleinen Nierentisch aus Kirschbaum der Nachmittagstee und ein kleines Stück Schwarzwälder Kirschtorte. Das Aroma von frisch aufgebrühter Minze verströmte einen angenehmen Duft im Wohnzimmer. Sie blickte hinaus in ihren Garten und schaute den Vögeln zu, die sich in ihrem Futterhäuschen tummelten. Angelina vergaß nie genügend Futter rauszustellen für ihre kleinen Freunde. Obwohl es schon Ende März war, wehte noch ein eisiger Wind, sodass die Vögel dankbar die Körner pickten. Sie genoss diese Nachmittagsstunde besonders, in der sie einfach da saß und nichts tat außer Tee zu trinken und den Vögeln zuzuschauen. Wie viele alte Menschen gliederte auch Angelina ihren Tag in feste Einheiten und Abläufe, die sie nur ungern veränderte. Obwohl sie keine Verpflichtungen mehr hatte außer sich selbst, das Haus und den Garten zu versorgen, schien es, als half dieser strenge Tagesablauf den schwerfällig gewordenen Motor ihres Lebens in Gang zu halten. Ihr Arzt hatte ihr schon vor zwei Jahren eine Hüftoperation vorgeschlagen, aber Angelina war schon immer sehr pragmatisch veranlagt und sagte dem Arzt, dass es sich nicht mehr lohnen würde, etwas an ihr auszutauschen.

Mit 92 Jahren konnte man das eine oder andere Zipperlein ruhig in Kauf nehmen. Sie beklagte sich nie, sondern war dankbar über das, was ihr noch geblieben war. Geblieben war ihr vor allem die Erinnerung an ihren geliebten Mann Jack und ihren Sohn William. Beide kamen bei einem Flugzeugunglück 1964 ums Leben. Ihr Mann war ein leidenschaftlicher Pilot und Oberst bei der US-Air Force gewesen. Nach seinem Ausscheiden aus der Army 1955 flog er selbst noch kleine Privatmaschinen zum Spaß und vercharterte manchmal sich und seine Maschine, um prominente Persönlichkeiten im Rhein-Main-Gebiet zu wichtigen Veranstaltungen zu fliegen. Oberst Jack Owenson galt als einer der erfahrensten Piloten seiner Zeit und hatte im Krieg einige Orden für Tapferkeit erhalten. Sein Spitzname im Krieg war „Jack the Ripper" gewesen, da er unzähligen Kampffliegern der „Krauts" den Rumpf aufriss. Am 3. September 1964 flog Jack von Egelsbach nach Wiesbaden, um seinen Sohn William abzuholen. Ebenso wie sein Vater hatte dieser die militärische Laufbahn eingeschlagen und lebte in der Nähe von Boston. Er landete mit der Militärmaschine bereits am frühen Morgen in Wiesbaden und wartete auf seinen Vater. Es war der dreißigste Hochzeitstag des Ehepaars Owenson, den sie gemeinsam mit ihren Kindern und Freunden in ihrem kleinen Haus in Frankfurt feiern wollten. Vater und Sohn flogen gerade über Mainz/Rasberg, als das Triebwerk ausfiel. Jack versuchte, den Flieger im Gleitflug auf die Wiese hinter der Rasberger Grundschule zu landen, was ihm auch fast gelungen wäre, hätte ihm nicht das neu errichtete Kriegerdenkmal den linken Flügel abgerissen. Die Maschine prallte gegen eine 100 Jahre alte Eiche und ging sofort in Flammen auf. Jack und William starben noch in dem Wrack.

Angelina konnte den Verlust von Mann und Sohn nie überwinden. Sie bewahrte die Erinnerung an die Verstorbenen auf wie einen heiligen Schatz. Nichts im Haus veränderte sie in all den Jahren, als hätte sie Angst, dass der Geist des toten Gatten sich nicht mehr zurechtfinden würde oder es etwa nicht gutheißen könnte, wenn sie allein Veränderungen vornehmen würde. Selbst Jacks Zahnbürste stand noch immer im Bad. Das Einzige, was Angelina veränderte, war, dass sie alle Tische und Fensterbänke mit Fotos ihres Sohnes und Mannes vollstellte.

Das Telefon klingelte und schreckte Angelina aus ihren Träumen. Sie bekam selten Anrufe, denn die meisten ihrer Freunde lebten nicht mehr und ihr Bruder Alfredo war schwer dement als Pflegefall im Altersheim „Sunset" untergebracht. Angelina besuchte ihn zweimal im Monat zusammen mit ihrer Tochter Rosalie, die noch Auto fuhr. Sie selbst scheute sich, mit öffentlichen Verkehrsmitteln dorthin zu fahren. Angelina hasste außerdem Altenheime. „Einen alten Baum verpflanzt man nicht", sagte sie dann immer trotzig zu ihrer Tochter Rosalie, die ihre Mutter gerne in der Obhut des Heimes gesehen hätte. „Ich komme alleine zurecht! Wie Du siehst, kaufe ich noch für mich ein, kümmere mich um Haus und Garten, Mila putzt ab und zu und Jacek hilft mir im Garten, das reicht, und wenn es nicht mehr geht, trinke ich eben einen Tee mit Fingerhut, Goldregen und Buchsbaum und basta, das Thema ist erledigt!" Es klingelte immer noch und Angelina stand von ihrem geblümten Sessel auf und ging zu ihrem Telefon in den Flur. Natürlich hatte sie immer noch diesen uraltmodischen Apparat in quietschorange mit Wählscheibe. Der funktionierte doch und ISDN oder so ein neumodischer Kram kamen ihr nicht ins Haus. „Hallo, hier spricht Angelina Owenson." „Guten Tag, mein Name ist Martina Kurz von Drängl & Melkers, wie geht es Ihnen?" „Gut, was wollen Sie denn, ich habe nichts bestellt!", schnauzte Angelina ins Telefon, da sie wieder einen dieser schmierigen Vertreter vermutete, die ihr etwas verkaufen wollten, was sie nicht brauchte. „Entschuldigen Sie die Störung, ich hatte Ihnen ja letzte Woche einen Prospekt von uns zugeschickt. Wir suchen für unsere Kunden schöne Häuser, und da wollte ich Sie mal direkt fragen, ob Sie vielleicht daran gedacht haben, demnächst zu verkaufen?" „Junge Dame, dieses Haus hat mein Mann Jack für uns 1950 gekauft und es wird erst verkauft, wenn ich gestorben bin und wie Sie sicher merken, ist das noch nicht der Fall, tut mir leid!" Angelina legte ärgerlich auf, ohne die Antwort abzuwarten. Ja, sie erinnerte sich an einen Prospekt mit lauter teuren Häusern darin, „Dream-More von Drängl & Melkers", den hatte sie gleich in den Papiermüll entsorgt. Wer, um alles in der Welt, wollte solche teuren Häuser kaufen?

Annas erster Tag bei Drängl & Melkers

„Das ist Eure neue Kollegin Anna Goldmann, sie wird ab heute das Team unterstützen und bearbeitet das Diplomatenviertel." Mit diesen Worten verabschiedete sich Jochen Hartmann von seinem Team der Kaufberater, da er einen wichtigen Termin hätte. Er hatte keinen wichtigen Termin, aber das sagte er immer, wenn er sich schon morgens um 11.00 Uhr verabschiedete, um in den Flieger nach München zu steigen, damit er für ein Bundesligaspiel der Bayern rechtzeitig in seiner VIP-Lounge im Allianz Stadion in München ankommen konnte. Für den Fußballsport brannte er leidenschaftlich.

Als Kind war er allerdings zu dick gewesen und durfte nie mitspielen. Aus Rache hatte er dann heimlich den anderen Kindern die Reifen der Fahrräder zerstochen, die sie hinter dem Bolzplatz abgestellt hatten. Das Ganze änderte sich erst für ihn, als Pauline, seine Patentante, sich einschaltete. Sie bestach die anderen Jungen mit ihrem sensationellen Käsekuchen. Das ging auch eine Weile gut, aber wie das so ist, reichte der Käsekuchen bald nicht mehr aus und Fußball-Sammelkarten mussten gekauft werden. Als die Bestechungsgelder in Höhe von Computerspielen angelangt waren, stieg Pauline aus und

Jochen zerstach wieder Reifen. Inzwischen war Hartmann stolzer Besitzer einer VIP-Lounge in der Allianz Arena, flog zu jedem Spiel der Bayern und lud gönnerhaft die ehemaligen Schulkameraden ein, die ihn damals nicht mitspielen ließen.

Hartmann wuchs bei seiner kinderlosen Patentante Pauline und Onkel Rudi auf. Seine Eltern waren Späthippies gewesen und kamen eines Tages von einer Reise nach USA/Woodstock mit viel zu viel LSD nicht mehr zurück und der kleine Jochen, damals noch ein Säugling, wurde von seiner Tante aufgenommen. Die einzige Hinterlassenschaft seiner Eltern war, neben ein paar wackeligen Billy-Regalen und einem Futonbett, ein Gewächshaus mit Marihuana-Pflanzen auf dem Grundstück seiner Großeltern in Offenbach.

Da Tante Pauline immer meinte, der arme Junge würde darunter leiden, dass seine Eltern ihn verlassen hatten, gab sie ihm ihre ganze Liebe in Form von Käsekuchen, Frankfurter Kranz, Schwarzwälder Kirsch- und Apfeltorte. Jochen gedieh prächtig unter der Fürsorge der Tante, nahm aber bald bedrohliche Ausmaße an. Unbeweglich und dick, war an Sport nicht mehr zu denken. Auf Anraten der Schulärztin, Jochen doch besser auf Diät zu setzen, entgegnete die Tante stets nur: „Der arme Junge, er sammelt doch nur!". So sammelte Jochen im Laufe seines Lebens immer mehr Kilos an, bis ihm ein hartnäckiger Hausarzt endlich bescheinigte, wenn er weiter so fressen würde, würde er wie sein Onkel Rudi an Diabetes erkranken. Das erschreckte Hartmann zutiefst.

Onkel Rudi war schon vor 15 Jahren gestorben, da er an Diabetes litt, was niemand wusste. Seiner Frau Pauline, Jochen und seinen Freunden hatte er nie davon erzählt. Er wollte Pauline nicht ihre Freude am Backen nehmen, so verschwieg er hartnäckig seine Krankheit bis zum Tode und aß jeden Tag märtyrerhaft ihren Kuchen. Ebenso verschwieg der Hausarzt Pauline aus Mitgefühl die genaue Todesursache von Onkel Rudi. Sie beerdigte ihren Gatten im Glauben, er sei an einem normalen Herzinfarkt gestorben. Jedenfalls versuchte Hartmann seit der ärztlichen Untersuchung vor zwei Jahren mit allen möglichen Diäten abzuspecken, mit dem Erfolg immer dicker zu werden.

Von 10.00 bis 11.00 Uhr hatte er die Neue, Anna Goldmann, „eingearbeitet" bzw. ihr kurz das Gebiet erklärt, dass es das „Sahnestück" von Frankfurt sei und er große Erwartungen in Anna habe und ihr dieses wichtige Gebiet vertrauensvoll in die Hände gäbe. Dabei wusste er genau, wie schwierig es war, in diesem Gebiet Häuser zum Verkauf zu finden. Ganze 3 Häuser wurden laut Statistik im Jahr in diesem Gebiet verkauft, und zwar von allen Maklern zusammen. Außerdem hatte er Anna erklärt, dass er ihr extra den Platz neben Martina Kurz gegeben hätte, damit sie sich von der „Top-Verkäuferin" einiges abschauen konnte. Natürlich wusste er, dass der Platz neben Martina Kurz deshalb immer wieder frei wurde, weil alle Kolleginnen in ihrer Nähe früher oder später die Flucht ergriffen. Aber das war Hartmann egal, musste doch jeder selbst sehen, wie er zurechtkam. So war eben Verkauf: Ellenbogen raus und durch.

„Hallo, ich bin Anna", sagte Anna freundlich, nachdem Hartmann sich verabschiedet hatte und streckte die Hand aus, um Martina Kurz zu begrüßen. Martina blickte kurz auf und quetschte ein „Hallo" durch ihre halbgeschlossenen Lippen, ließ Annas Hand in der Luft stehen und hackte wieder in ihren Computer. „Hallo Anna, ich bin Natascha, willkommen im Team!" Anna blickte sich um, als sie die Worte mit dem osteuropäischen Akzent hörte und sah in das Gesicht einer bildhübschen jungen Frau mit stahlblauen Augen. „Hallo Natascha, danke, ich freue mich sehr, dass ich mit Euch zusammenarbeiten kann. Herr Hartmann hat mir schon erzählt, wie gut der Teamgeist hier ist." Natascha lächelte und Anna dachte, sie schaute in das Gesicht eines Engels. Diese Frau war von einer so makellosen Schönheit, dass es selbst ihr als Frau den Atem verschlug. Natascha saß ebenfalls am Tisch von Martina Kurz, wie sich herausstellte. Es gab noch einen weiteren Tisch mit fünf Kaufberatern, die aber heute nicht da waren, da gerade eine Sammelbesichtigung veranstaltet wurde. Eine neu hereingekommene Wohnung im Westend wurde vorgestellt. Anna war erleichtert, dass Natascha wohl etwas netter zu sein schien als Martina. Etwas Menschlichkeit am ersten Arbeitstag war hilfreich. Nachdem Anna den Computer eingeschaltet hatte, brauchte sie schon die erste Hilfe für das Einloggen ins System. Die Online-Schulung am Firmenprogramm war leider erst am Montag, sodass sie sich heute durchkämpfen musste. Zum Glück war Lisa, die Teamassistentin, schon da und half Anna, sich einzuloggen. „Ich habe dir schon auf deinen Account 15 Kunden aus dem Kunden-Pool überschrieben, die kannst du erst mal bearbeiten und schauen, ob wir was Passendes für sie haben. Hier sind die Exposés von unseren Objekten, schau sie dir mal durch." Anna schaute und staunte. Unter den 28 Exposés war genau eine Wohnung dabei, die nach Annas Maßstäben wirklich schön war. Ein richtig abgefahrenes Penthouse für 2 Millionen Euro! Aber gut, sie wollte ja nicht die Wohnungen kaufen, sie sollte sie nur verkaufen, und ihr Geschmack war zum Glück nicht das Maß aller Dinge. Aber etwas enttäuscht war sie trotzdem, sie hatte immer gedacht, dass Drängl & Melkers gerade die hochwertigen und ausgefallenen Wohnungen hatten, so sah es jedenfalls in den Hochglanz-Magazinen aus, die im Frühjahr an die Haushalte verteilt wurden. „Ganz schön teuer", dachte Anna, über 850.000 Euro für eine Wohnung im lauten Oeder Weg, auch noch sanierungsbedürftig, das konnte Anna aus der Bezeichnung „charmante Wohnung" entnehmen (eine allgemein in Maklerkreisen bekannte nette Umschreibung für „sanierungsbedürftig"). Anna musste sich ganz offensichtlich erst mal an die Preise in Frankfurt gewöhnen. Definitiv war es hier viel teurer als im Taunus. Aber das Penthouse war echt stark. Mit eigenem Lift und Wasserfall im Haus. Einem Jacuzzi auf dem Dach und einer Glassauna daneben und einem atemberaubenden Blick über das Westend, auf die Skyline von Frankfurt. Alles ging dort elektronisch und computergesteuert. Fenster auf und zu, Jalousien hoch und runter. Die Heizung konnte ebenfalls per iPhone gesteuert werden. Sogar der Backofen war programmierbar. In jedem Raum waren Fernseher hinter dem Spiegel eingebaut und Computer, die das ganze Penthouse steuerten. Natürlich fehlte auch nicht das Bang & Olufsen-Surround-System und Licht-Szenarien in verschiedenen Farbtönen. Sogar die Couch im Wohnzimmer (oder sagt man bei 60 qm eher Wohnhalle?) wurde per iPhone mit einem Klick zur Schmusecouch umgelegt. Echt stark, das hatte was von ultramodernem Bauhaus und James Bond, das würde Anna gerne mal anschauen. „Sag mal Martina, das Penthouse im Westend, hattet ihr da schon viele Besichtigungen?" Martina blickte augenrollend auf und zischte Anna an: „Also Anna, Du bist neu hier und wie Du dir sicher vorstellen kannst, haben alle Neuen hier immer ziemlich viele Fragen. Ich verdiene aber kein Geld damit, Fragen zu beantworten. Wenn Du mich als Coach haben willst, musst Du mir die Hälfte von Deinem ersten Deal abgeben, überlege Dir das!" Martina stand auf, desinfizierte ihre Hände und ging mit ihrer Tasse in die Küche und ließ eine verblüffte Anna zurück. „Nimm sie nicht so ernst, sie ist schon extrem in ihren Ansichten, Du kannst uns andere ruhig fragen", sagte Natascha mitfühlend, als Martina draußen war, „das Penthouse ist wirklich super, aber Du kannst dir ja denken, bei dem Preis gibt es nicht viele Kunden dafür. Falls Du einen finden solltest, wäre das klasse, denn der Vertrag mit dem Verkäufer läuft bald aus." Anna nickte, ja, in der Tat hatte sie einen Käufer im Kopf, Johnny Truman aus Jimmys Bar vorgestern, er hatte ihr doch auch seine Visitenkarte gegeben, das wäre das Richtige für ihn. Sie würde ihn später noch anrufen. Zuerst wollte Anna die Kunden durchtelefonieren, die ihr Lisa umgeschrieben hatte, um mal zu sehen, ob diese noch aktiv suchten. Nach dem zehnten Kunden war Anna schon etwas genervt, die Reaktionen waren nicht immer sehr freundlich gewesen: „Sagen Sie, sprechen Sie Kollegen denn nicht untereinander? Ich habe doch schon Frau Roth gesagt, dass wir gekauft haben, aber nicht mit Ihnen!" - Oder: „Bei uns hat sich eine berufliche Veränderung ergeben, wir suchen erst mal nicht mehr!" (arbeitslos?) - „Mein Mann und ich haben uns getrennt, das hatte ich schon Herrn Berger erzählt, bitte belästigen Sie mich nicht mehr!" - „Schicken Sie mir nur was zu, wenn es was Gescheites ist, bisher habe ich von Ihnen nur Schrott gesehen!" - „Das ist ja toll, dass Sie sich endlich nach sieben Monaten mal melden, wir hatten eine Anfrage gestellt für die Wohnung im Westend, Kronberger Straße, aber es hat niemand reagiert von Ihnen. Wir haben jetzt eine gekauft in der Eppsteiner mit „von Geiss", die waren etwas schneller mit Antworten!"- Das war es also, was sich hinter einer „gepflegten Kundenkartei" tatsächlich verbarg, mit der in den Hochglanz-Prospekten potentielle Eigentümer angelockt werden sollten.

„Von Geiss", das hatte Anna schon mitbekommen, war der schärfste Konkurrent von Drängl & Melkers. Angeblich waren sie Marktführer im Rhein-Main-Gebiet. „Kein Wunder", dachte Anna, „wenn die sich besser um ihre Kunden kümmern." Sie würde da auch schon anders agieren, ihre Kunden sollten nicht sieben Monate unbetreut bleiben. Einige Kunden konnte sie nicht erreichen und legte sich diese auf Wiedervorlage für den Dienstag. „Hast du Lust, mit zu „Meyers" auf die Freßgass zu gehen, ich würde gerne eine Kleinigkeit essen", fragte Natascha Anna und lächelte sie mit ihrem Engelsblick an. „Sehr gerne, ich könnte auch eine Pause gebrauchen." Die beiden Frauen gingen über die Schillerpassage zur Freßgass, schauten sich kurz in der Auslage des Schuhladens „Vanilla" die exklusive neue Frühjahrskollektion der Luxusschuhe staunend an. Anna dachte, dass die Schuhe ebenso wie die Wohnungen hier etwas überteuert zu sein schienen. Die korallfarbenen Cloe Peeptoes sahen scharf aus, aber 499€, daran war nicht zu denken! Da musste sie schon mindestens 10 Wohnungen verkaufen, um sich den durchgeknallten Luxus gönnen zu können.

„Seit wann bist Du bei Drängl & Melkers?", fragte Anna ihre Kollegin, als beide im „Meyers" vor ihrem Cesar-Salat mit Hühnchen saßen. „Ich bin hier schon seit drei Jahren, der ehemalige GF, Peter Geiling, hat mich reingebracht." „Was hast Du denn vorher gemacht?" „Ach Anna, das ist eine lange Geschichte, darüber rede ich nicht so gerne, vielleicht ein anderes Mal." „Tut mir leid, ich wollte Dir nicht zu nahe treten!", sagte Anna bestürzt, da sie sah, dass sich die Miene ihrer bildhübschen Kollegin verfinstert hatte. Klasse, wieder ein Fettnäpfchen! „Toll Anna, weil du einfach immer zu neugierig bist", kritisierte Anna sich selbst. „Ich dachte, Du wärst vielleicht ein Model gewesen, weil Du so unglaublich gut aussiehst", sagte Anna ehrlich. „Danke, das ist nett, dass Du das sagst, aber ich will kein wandelnder Kleiderständer sein und ständig nur angestarrt werden. Ich hasse es, nur auf mein Äußeres reduziert zu werden!" „Kann ich gut verstehen", warf Anna schnell ein, als sie sah, dass das Engelsgesicht wieder betrübt aussah. „Was hast Du denn vorher gemacht und was bringt Dich hierher?", fragte Natascha. „Ich war vorher bei einer Personalberatung, es war schon interessant, aber es war ein sehr kleines Unternehmen und ich durfte nie raus zum Kunden, und immer nur im Büro rumhängen und Angebote schreiben war mir einfach zu langweilig." „Na dann hoffe ich mal, dass es Dir hier bei uns gefallen wird und wie gesagt, Martina ist ein echt harter Brocken, ach ja, und noch ein Tipp, wenn sie in der Nähe ist, musst Du vorsichtig sein, am besten schützt Du Deinen Computer gleich mit einem Password und lass' am besten nichts rumliegen." „Danke für Deine Offenheit!"

Nach ihrer Pause versuchte Anna noch einige Kunden anzurufen, aber die Nummern stimmten zum Teil nicht mehr. Sie hatte heute wohl kein Glück. „Johnny", dachte sie, den könnte sie doch jetzt mal anrufen, aber zuerst musste sie ihn in den Computer eingeben. „Lisa, kannst Du mir helfen, einen Top-Kunden einzugeben, der könnte ein Kandidat für das Penthouse sein?", fragte Anna Lisa, die aber beschäftigt abwinkte und sie auf später vertröstete. „Komm, ich zeige Dir das schnell", sagte Martina gönnerhaft, „und natürlich for free!", als Anna sie ungläubig anschaute. „Danke, echt nett von Dir!" „Das System ist doch relativ einfach", dachte Anna erleichtert, „und vielleicht ist Martina ja auch nicht so schlimm, wie es zuerst schien." Johnny Truman konnte sie allerdings nicht erreichen.

Als Anna gegen 18.00 Uhr den Shop verließ, war sie erschöpft und freute sich auf Patrick. Er hatte sie zur Feier des Tages ins „Opera" eingeladen, das war Annas und Patricks Lieblingslokal in Frankfurt. „Na, meine Süße, dann trinken wir mal auf Dich, Du siehst etwas erschöpft aus!" Sie stießen mit dem Champagner an, und Anna genoss die Entspannung, die allmählich bei ihr einsetzte. „Ist halt alles neu, aber es macht echt Spaß, ich glaube, es ist wirklich genau das, was ich machen möchte!" „Wie sind denn Deine Kollegen?" „Habe heute nur zwei kennengelernt, die Schöne und das Biest!" „Klingt vielversprechend und märchenhaft!", lachte Patrick sie an, und Anna freute sich über seinen unerschöpflichen Optimismus, der sie schon einige Male wieder hochgezogen hatte. Patrick war schon ein toller Mann und sie wollte auch, dass er sie heiratete, aber das war ein anderes Thema und heute Abend musste sie sich entspannen.

Der erste Antrag

Jochen Hartmann landete pünktlich um 14.15 Uhr mit der Lufthansa-Maschine auf dem Josef Strauß-Flughafen in München. Der Chauffeur mit der schwarzen Stretch-Limousine wartete schon auf ihn. Hartmann fühlte eine starke Erregung, als er einstieg. „Zum Hotel „Vier Jahreszeiten" bitte!" Ob sie schon da war und warten würde? Heute musste alles klappen, er freute sich fast so sehr über seinen Plan wie bei seinen Abschlüssen der Autoverkäufe. Diesen Plan hatte er seit längerem gehegt und jetzt war er reif.

Er hatte Jenny über die Internet Plattform „Parship" kennengelernt. Ein Freund hatte ihn dazu überredet, als er ihm sein Leid klagte über die Unzuverlässigkeit der gebuchten Ladies vom Escort Service, die er sonst gerne als schickes Accessoire in seine VIP-Lounge mitnahm und die begehrlichen Blicke der anderen Männer genoss. Aber es kam öfters vor, dass die fest gebuchte Dame ausfiel und eine andere kam. Nicht, dass er immer dieselbe Dame wollte, das war ihm egal. Er konnte es nur nicht leiden, wenn seine Pläne durcheinander kamen. Wenn er sich auf „Dolores" eingestellt hatte, wollte er schließlich nicht „Monika" die Bluse aufknöpfen. So war er eben, es war ihm wichtig zu wissen, was genau passieren würde. Er war kein Freund von unvorhersehbaren Überraschungen. Heute wusste er genau, was passieren würde, denn er hatte alles bis ins kleinste Detail geplant.

Jenny war keine Schönheit im klassischen Sinne. Ihre Haare waren zu blond, der Busen und der Mund zu groß, der Oberkörper etwas zu lang im Verhältnis zu den kräftigen, kurzen Beinen. Die Hüften zu breit, der Hintern schön rund, aber sie hatte das gewisse Extra. Jürgen Hartmann hatte länger gebraucht, um hinter das Geheimnis von Jennys Anziehungskraft zu kommen, die sie sichtbar nicht nur auf ihn ausübte, denn auch andere Männer warfen ihr eindeutige Blicke zu, was Hartmann besonders genoss, da er Jenny im Gegensatz zu den anderen Damen nicht bezahlen musste oder nicht so direkt jedenfalls. Jenny hatte schon einen ausgefallenen Geschmack und steuerte mit ihm immer die teuersten Geschäfte in der Maximilianstraße in München an. Aber so oft kam er nicht nach München und es reute ihn kein Cent, den er für Jennys Wünsche ausgab. Er liebte diese Frau. Es war dieser Silberblick, die etwas eng stehenden blaugrauen Augen, das leichte Schielen, das ihn völlig faszinierte und ihm verheißungsvoll erschien, wenn sie ihn mit halbgeschlossenen Liedern anblickte und seine Erregung über seine Verwirrung, in welches ihrer Augen er nun blicken sollte, siegte. Sie sah wieder entzückend aus, wie sie in der Empfangshalle da stand, in ihrem bunt geblümten Kleid mit gewagtem Ausschnitt und einem passenden pinkfarbenen Hut, mit neuer „Gucci"- Tasche und den gefährlich hohen High Heels. Waren das nun die neuen von Prada? Er wusste es nicht mehr, so viele Designer, egal, Hauptsache Design. Es war ihm wichtig, dass die Frau an seiner Seite teuer gekleidet war. "Meine

Liebste, meine Schmusekatze, wie schön, Dich zu sehen! Ich habe Dich so vermisst, Du mich auch, mein Täubchen?" Jenny strahlte ihn an und holte ihr iPhone heraus und tippe eilig etwas ein und hielt es Hartmann vor die Nase: „Mein süßer Schmusebär, Du hast mir schrecklich gefehlt!" Am Anfang hatte es Hartmann irritiert, dass Jenny stumm war, aber ihr Austausch an Mails und SMS war sehr intensiv gewesen und er hatte viel über sie erfahren. Jedenfalls genug um sie zu lieben, dafür reichte ihm schon ihr Silberblick, und je länger er mit ihr zusammen war, desto mehr genoss er die Stille an ihrer Seite. Keine Widerworte, keine Streitigkeiten, nur Harmonie und Liebe, liebevolle SMS, was wollte er mehr? Es war ein Traum, sein ganz persönlicher Traum. Hartmann konnte es kaum erwarten, mit Jenny in die Limousine zu steigen. Er checkte nur schnell ein - in die Präsidentensuite natürlich. Der Champagner war eisgekühlt, so wie Jenny es liebte, und den Strauß mit 30 roten Rosen hatte er zuvor am Hauptbahnhof gekauft. Auch der Empfang in der VIP-Lounge in der Allianz Arena klappte wie am Schnürchen. Er hatte sich den Oberkellner Karl Huber vom „Käfers" gemietet, der heute seinen freien Tag hatte und die 500 Euro cash von Hartmann gerne annahm, für ein bisschen Chi-Chi und vornehm servieren. Es war 16.15 Uhr, in 15 Minuten musste es passieren. Hartmann zitterte jetzt vor Aufregung und stellte sein Champagnerglas auf den Stehtisch. Er zog Jenny an sich und küsste sie innig. Seine Jenny, die einzige Frau in seinem Leben, die ihn außer Tante Pauline wahrhaftig liebte. Er presste seinen üppigen Körper an sie. Sie würde seine Erregung sicherlich spüren. Als er sie wieder losließ, war es 16.25 Uhr, „noch fünf Minuten", dachte Hartmann nervös. Er steckte sich eilig noch ein Häppchen in den Mund. Der Belag allerdings, eine saure Gurke, eine grüne Olive und eine Sardelle, schaffte es nicht mehr in seinen Mund, da seine Hand so stark zitterte, dass das Zierwerk auf den Boden fiel. Punkt 16.30 Uhr verdunkelte sich das Licht in der VIP-Lounge. Karl Huber hatte Wunderkerzen angezündet und aus den „Bose"-Boxen schmetterte Marianne Rosenberger das Lied: „Er gehört zu mir, wie mein Name an der Tür". Als das Wort „Tür" fiel, ging die Tür auf und der Mittelfeldspieler Danylo Baranow kam mit einer Prinzregententorte von „Dallmayr" herein, auf deren Spitze eine goldene Schatulle von „Tiffany" saß. „Hartmann, Du bist einfach genial, Du solltest Wedding-Planer werden", dachte er bei sich. Baranow kam auf die beiden zu, jetzt war der Moment gekommen, da er sich niederknien sollte, damit Hartmann Jenny die Schatulle überreichen konnte. Hartmann hatte dafür extra einen ukrainischen Übersetzer geholt, der dem jungen Danylo muttersprachlich klarmachen sollte, was von dem Fußballstar heute Ungewöhnliches gefordert wurde.

Doch leider hatte Hartmann nicht mit der Wirkung der Sardelle, der Olive und der Gurke gerechnet. Der Fußballer rutschte aus, verlor das Gleichgewicht und versuchte die Torte einhändig zu balancieren, was ihm auch fast gelungen wäre, hätte Hartmann nicht versucht ihn zu stützen, sodass der Mittelfeldspieler eine Grätsche nach hinten machte - die Torte flog nach vorne und wurde erst auf dem geblümten Kleid von Jenny im freien Fall gebremst. Die Schatulle fiel zu Boden und öffnete sich und der 5000 Euro teure Ring rollte über den Boden, bis er unter dem Sofa zu liegen kam. Hartmann war

starr vor Entsetzen. Sein iPhone klingelte. In seiner Verzweiflung nahm er das Gespräch an, als würde vielleicht
jemand mit versteckter Kamera die grausame Szene auf-
lösen können. Es war Carlos Wega, sein Hausverwalter
aus Mallorca, der völlig aufgelöst ins Telefon schrie:
„Grande catastrophe, casa rotta, das Haus, der Garten!"
„Jetzt nicht, Du Trottel!", schrie Hartmann zurück. Die
größte Katastrophe war gerade hier geschehen, da war
Hartmann ganz sicher.

Das Spiel der Bayern ohne Baranow, der sich nämlich bei der Aktion eine Zerrung im linken Oberschenkel
zugezogen hatte, gegen Hertha BSC sah sich Hartmann
nicht mehr an, da er sich bereits gedemütigt auf dem
Rückflug nach Frankfurt befand.

Die Regeln bei Drängl & Melkers

Als Anna am Donnerstag gegen 10.00 Uhr wieder in den Shop kam, waren schon einige andere Kollegen da, die sie noch nicht kannte. Sie stellte fest, dass sie wohl mit ihren 44 Jahren eine der ältesten war. Die meisten, so schätzte Anna, waren zwischen 25 und 30 Jahren. Und alles Frauen, bis auf einen Mann, der sie gleich freundlich anlächelte. Sie stellte sich den Kollegen vor und lud sie zum Einstand gegen fünf im Konferenzzimmer ein. Sie hatte bei „Meyers" einige leckere Häppchen und Prosecco besorgt und wollte natürlich auch einen Beitrag zum guten Klima des Teams leisten.

Anna fuhr ihren Computer hoch, loggte sich ein und wollte gleich Johnny Truman anrufen, doch sie konnte ihn nicht unter ihren Kunden finden. Dabei hatte sie ihn doch am Freitag ganz sicher zusammen mit Martina eingegeben. „Lisa, kannst Du mal bitte schauen, ich kann meinen Top-Kunden nicht finden?" „Gib ihn einfach nur mal mit dem Namen ein, dann müsste er auftauchen, warte, ich mach das mal, wie heißt er noch?" „Johnny Truman", antwortete Anna. „Ja der steht drinnen, allerdings ist er als Kunde von Martina gespeichert." „Das muss wohl ein Irrtum sein, es war doch mein Kunde!", rief Anna entsetzt. „Du hattest aber keine Aktion bei ihm verbucht, wie „Telefonat" oder „Exposé verschickt" oder so was. Damit ist er frei im Kunden-Pool, und jeder kann ihn auf sich umbuchen." Anna wurde blass und sah zu Martina hinüber, die intensiv in die Tasten ihres Computers hackte und so tat, als hätte sie die Situation nicht mitbekommen. „Martina, Du hättest mir doch sagen können, dass ich eine Aktion buchen muss, um den Kunden zu sichern, ich habe doch schon persönlich mit ihm gesprochen!" Anna war entsetzt, ja, sie hatte diese Regel erfahren - aber erst gestern in der Online-Schulung - das war nicht fair! „Reg' dich doch nicht auf, Du wirst noch mehr Kunden bekommen, es kommen doch auch immer Neuanfragen zu unseren Objekten rein. Ich kann auch wirklich nichts dafür, er rief gestern hier im Büro an, als Du oben die Online-Schulung ge-macht hast, und ich habe ihn dann betreut", log Martina, „ich werde heute Abend mit ihm besichtigen, tut mir leid Anna, aber Du warst nicht da und ein Kunde muss halt immer betreut werden, das wirst Du doch sicher verste-hen!" Martina desinfizierte hastig ihre Hände mit ihrem Taschenspray und ging in die Küche, um sich einen Kaf-fee holen.

„Tut mir leid für Dich", sagte Lisa leise, „das ist ja blöd gelaufen, aber Du siehst ja, mit Martina ist es echt schwierig, man muss höllisch aufpassen, aber jetzt weißt Du ja, wie du die Kunden sichern musst." Annas Puls war auf 180, sie stand auf und ging hoch zum Büro von Jochen Hartmann. Das wollte sie sich nicht gefallen las-sen. Die Türe stand offen, aber sie hörte, dass er mit jemandem sprach bzw. ins Telefon schrie. „Du musst das Haus so schnell wie möglich verkaufen, zwei Monate höchstens, sonst ist nichts mehr da davon... unmöglich sagst Du? Ist mir scheißegal, Du musst das hinbekommen, so lange können wir die Behörden noch hinhalten, aber wenn die es amtlich machen, ist es weg, verloren... meine Tante bringt mich um!!!" Anna drehte sich wieder um. Kein guter Zeitpunkt, um ihr Anliegen dem Chef vorzutragen. Als sie wieder an ihrem Schreibtisch saß, fiel ihr siedend heiß ein, dass sie ihren Mini im „Anwohnerparken" abgestellt hatte. Sie wollte heute früh nicht zu spät kommen, konnte aber keinen freien Parkplatz finden. Einfach chaotisch, die Zustände in der Innenstadt, aber ein Parkhaus war zu teuer, und 200 Euro für einen Stellplatz waren ihr bei 0 Euro Einkommen auch zu viel. Vielleicht sollte sie doch besser eine Monatskarte für die Bahn kaufen. Jetzt kam ihr der kleine Spaziergang entgegen, so konnte sie sich etwas abreagieren. Schade, sie hatte so einen guten Draht zu Johnny gehabt. Sie musste aufpassen wie ein Luchs, das war ihr nun klar geworden. Nochmals würde ihr niemand einen Kunden wegnehmen. „Sie haben während der Zeit von 9.30 Uhr bis 11.00 Uhr unerlaubt Ihr Fahrzeug abgestellt", sie hatte eine Verwarnung mit einem Busgeldbescheid über 25 Euro bekommen. „Toll, das fängt ja ganz prima an", dachte Anna. Es dauerte 20 Minuten, bis Anna einen normalen Parkplatz finden konnte, bei dem sie nicht Gefahr lief, abgeschleppt zu werden oder einen weiteren Strafzettel zu kassieren. Als sie zurück im Büro war, lag auf ihrem Platz ein Zettel: „Neuanfrage für die Mailänder Straße." Anna freute sich und Lisa lächelte ihr zu: „Für dieses Objekt haben wir die meisten Anfragen.

Mailänder Straße

„Mir woll'n nur mal gucke, ob es des ach wert is, des Päänthaus, is ja ganz schäh deuer!" Nach dem Telefongespräch mit der „Neuanfrage", Frau Petrowski aus Praunheim, war Anna klar, dass es sich höchstens um eine „B-Kundin" handeln konnte. Schaut, sucht und kauft vielleicht.... im Gegensatz zu den verzweifelten „A-Kunden", die schon länger suchten, in zu kleinen Wohnungen mit zu viel Nachwuchs hausten, in der Karriereleiter bereits deutlich gesprungen waren, die Erbschaft ausgezahlt bekommen hatten oder die Finanzierung schon mit zwei Banken geregelt hatten und sofort bereit waren zuzuschlagen, wenn ein vernünftiges Angebot reinkam... und davon gab es nicht viele. Es war eindeutig ein Verkäufermarkt. Viele Anfragen, wenig gute Objekte.

Erstes Wartegäßchen... oberer Hasenpfad... Anna kannte bis dahin nur den Teil von Sachsenhausen, den man kennen muss, wenn man nicht in der Stadt lebte und nur abends hereinfuhr, um sich in das illustre Nachtleben zu stürzen: Die Schweizer Straße mit ihrem fast südländischen Flair und schönen Boutiquen, den vielen beliebten Äppelwoi-Kneipen wie der „Wagner", der seit Jahrzehnten schon Kultstatus hatte. Der Laden boomte. Sowohl alteingesessene Frankfurter als auch Zugereiste, internationale Börsenmakler oder japanischen Touristen strömten täglich in das Gasthaus und kämpften um die begehrten Plätze. Dieser Teil von Sachsenhausen und auch das umliegende Viertel waren bei den Kunden von Drängl & Melkers gleichermaßen beliebt. Auch rund um die Museumsmeile gab es Spitzenwohnlagen mit Quadratmeterpreisen, die weit über 6000 Euro für Wohnungen lagen.

Diesen südlichen Teil von Sachsenhausen kannte Anna jedenfalls noch nicht, und als sie endlich in die Mailänder Straße einbog, konnte sie nicht verstehen, dass es so viele Anfragen für diese Wohnung gab. Ganz sicher war dies keine Top-Adresse, die als Wohnresidenz für gehobenes Management geeignet war. Sie hatte Frau Petrowski um 15.30 Uhr bestellt und wollte vorher die Räumlichkeiten in Ruhe besichtigen. Anna hatte sich alles über die Wohnung bereits im Office durchgelesen und sich einen ersten Überblick verschafft. Lisa hatte ihr das Schlüsselsystem der Schließanlage erklärt. Sie wusste nun, wo sich der Keller und die Tiefgarage befanden. Die Wohnung gehörte einer russischen Bank, die die Wohnung für ihre Angestellten gekauft hatte, sie aber wieder abstoßen wollte, da sie schon über 10 Jahre in ihrem Besitz war und nun „spekulationsfrei" verkauft werden konnte. Sie würde auch nicht mehr riechen, die Wohnung, da die Bank auf ihre Kosten eine Ozonbehandlung durchgeführt hatte, erzählte Lisa ihr, als sie Anna den Schlüssel übergab: „Den Teppich müsste der Käufer allerdings selbst erneuern, der ist alt, dreckig und fleckig."

Als Anna ihren Mini vor dem riesigen Komplex der Trabantenwohnungen parkte, war ihr etwas mulmig zumute. Sie folgte dem Weg durch die Tiefgarage zum Treppenhaus, das zum Gebäude 3c gehören sollte, doch mit ihrem Schlüssel konnte sie nicht aufsperren. Sie ging durch die düstere Tiefgarage weiter in Richtung 3d, vielleicht hatte sie sich ja verhört. Bedrückend kam ihr das riesige Parkhaus vor, mit niedrigen Decken und einer Beleuchtung, die perfekt zu jedem Hitchcock-Film gepasst hätte. Sie hörte Schritte hinter sich und dachte, dass das hier kein Ort sei, den Frauen alleine betreten sollten. Jetzt beschleunigten sich die Schritte hinter ihr. Anna schaute sich ängstlich um, konnte aber nicht sehen, wer dort war und ging zügig weiter, bis sie vor dem Ausgang 3d stand, zitternd den Schlüssel herauszog und ins Schloss steckte. „Da kommste nett hoch, die schließe da immer zu, soll'n verhinnern, dass Leut' wie ich da laah gehe." Anna zitterte, als sie sich umdrehte und einem etwa 35-jährigen Mann gegenüberstand. Seine glasigen Augen verrieten ihr, dass er entweder mit Alkohol oder mit anderen Drogen vollgepumpt war. Er stand nun direkt vor ihr mit zerrissener, schmutziger Kleidung und strähnigen, langen Haaren und starrte sie an. Anna überlegte sich, ob sie blitzschnell an ihm vorbeilaufen konnte, aber sie war sich nicht sicher, ob in einer seiner Hände, die er in der Manteltasche versteckte, vielleicht eine Waffe verborgen war. „Kannst Du mir sagen, wie ich nach oben komme, ich habe von der Straße keinen Aufgang sehen können?" „Bist wohl nicht von hier, was, klar kann ich Dir das zeische, das kost' aber was!" Anna war jetzt panisch vor Angst. Ihr Herz klopfte bis zum Hals. Sollte sie diesem „Junkie" trauen und mit ihm gehen, der sie vielleicht in eine Ecke locken und abstechen könnte? Jedenfalls war die Mailänder Straße kein Ort, um sich vom Leben würdig zu verabschieden. Sie entschied sich fürs Mitgehen. Der Mann führte Anna wieder nach draußen und wies sie an, bis an das Ende der Straße zu laufen, da würde dann der Aufgang auch für Besucher ohne Schlüssel sein. Allerdings müsse sie sich in Acht nehmen, da der Hausmeister Achmed Zumir mit seinem Staffordshire Bullterrier patrouillierte und mit dem Tier vor allem sei nicht gut Kirschen essen. „Mit nem' 10er wär's gut." Der Junkie lächelte Anna erwartungsvoll an. Da sie nur einen Zwanzig-Euro-Schein hatte, aber nicht auf Wechselgeld hoffen konnte, drückte sie ihm den Schein in die Hand und lief schnell die Straße entlang. Im Treppenhaus roch es nach Tabak und Anna wusste nicht, ob sie dem klapprigen Fahrstuhl trauen konnte, als eine dunkelhäutige, untersetzte Frau im Flur erschien, die ebenfalls nach oben wollte. Die Fahrstuhltür öffnete sich, und Anna stieg mit ein. „Du wolle hin?" Und Anna interpretierte die Silben als Frage nach dem Stockwerk. „Zehnter Stock, bitte." Die Frau drückte den Knopf und murmelte: „Nix gut Karma." Anna nickte und lächelte höflich und war erleichtert, als die Frau im vierten Stock ausstieg und sie alleine nach oben fahren konnte. Als sie oben ausstieg, gab es zwei Wohnungen. Sie entschied sich, ihr Glück mit dem Schlüssel bei der Wohnung ohne Namensschild zu versuchen. Als sie aufsperrte, entdeckte sie Spuren an der Tür, als wäre diese aufgebrochen worden. Wieder stieg die Angst in ihr hoch, vorsichtig trat sie ein und holte ihr Handy heraus, tippte vorsorglich die Notrufnummer ein... Kein Empfang, na toll, weshalb war hier in einem Penthouse kein Empfang? Es war hell in der Wohnung, sodass Anna sich weiter hinein traute und durch einen Torbogen im Flur den ca. 30 qm großen

Wohnraum betrat. Von hier aus konnte sie den „Skyline-Blick" erahnen, aber die Fenster waren so dreckig, eines davon sogar blind, sie konnte nicht hindurchsehen. Es roch nach Chemie und es würgte sie im Hals. Sie öffnete die Balkontür, atmete tief durch und betrat die übergroße Terrasse mit Waschbetonsteinen, die einen Charme versprühten wie der Schulhof ihrer alten Siebziger-Jahre-Schule in Kronberg. Jetzt sah sie den Skyline-Blick. In der Ferne konnte man die Bankentürme erkennen. Wirklich nicht schlecht! In der Nähe sah sie nun die Trabantenwohnungen, die zu dieser Anlage gehörten. „Diese Mikrolage ist problematisch", analysierte Anna mit ihrem scharfen Verstand. Sie stellte sich lebhaft die Eigentümerversammlungen vor, die wahrscheinlich aus einer Vielzahl unterschiedlichster Volksgruppen mit und ohne Migrationshintergrund bestand und vielleicht auf Türkisch, Suaheli oder Bosnisch abgehalten wurde. Die frische Luft gab Anna wieder Mut, sich den Rest der Wohnung anzusehen, denn schließlich würde sie gleich einer Kundin, Frau Petrowski aus Praunheim, die Wohnung zeigen müssen und wenigstens ein paar Verkaufsargumente überzeugend vortragen müssen. Die zwei Schlafräume hatten eine gute Größe mit ca. 15 und 12 qm. Beide hatten ebenfalls schmutzige Scheiben und einen verfärbten Boden. Warum Silke, die die Wohnung zum Verkauf hereinbekommen hatte, keine Grundreinigung hatte durchführen lassen, war Anna unklar. Vielleicht, weil es sich in diesem Fall bei dem Eigentümer um eine Bank handelte und die Immobilie schon abgeschrieben war? Offensichtlich war die Motivation zu verkaufsfördernden Maßnahmen oder einer ordentlichen Präsentation der Wohnung sehr gering. Hastig entfernte Anna sich aus dem Badezimmer. Der Schmutz in der Badewanne ekelte sie an, und die rostroten Schimmelstellen in der Dusche wirkten nicht sehr einladend. Mit der toten dicken Spinne hinter der Kloschüssel fühlte Anna so etwas wie Mitleid, obwohl sie Spinnen hasste, denn auch für eine Spinne war dies ein ungastlicher Ort, um zu verhungern. Sie ging weiter durch den Flur zurück zur Küche, die direkt neben dem Wohnzimmer lag. Schäbig und abgenutzt. Original Siebziger-Jahre-Stil, ein Alptraum in Orange und Dunkelbraun. Auf dem Teppichboden im Essbereich vor der Küche war ein rotbrauner großer Fleck, so als hätte jemand einen riesigen Topf Chili con carne verschüttet und mühsam die Masse wieder vom Boden geschabt, ohne den Teppich hinterher mit einer Lösung zu reinigen. Anna genierte sich, so eine Wohnung zeigen zu müssen und schämte sich aber auch für ihre eigene Überheblichkeit. Sie hatte in ihrem Leben bisher immer Glück gehabt und musste bisher nie im Umfeld eines sozialen Brennpunktes leben. Sie konnte sich nicht vorstellen, dass es Leute geben konnte, die hier gerne wohnen würden und diese Wohnung für Geld, für viel Geld, auch kaufen wollten.

„Ich hab de Schorsch gleich mitgebracht. Renovierungsbedürftig habt ihr ja geschribbe und der Schorsch ka alles mache, verbutze, tappeziere, Böde, Sanitäär." Schorsch nickte nur und Anna dachte bei sich, dass sie, wenn ihr Schorsch statt des Junkies in der Tiefgarage begegnet wäre, schreiend weggelaufen wäre. Schorsch war riesig, ein Hüne von Mensch, mindestens 190 cm groß. Seine gewaltigen nackten Oberarme, die aus der abgeschnittenen Lederjacke rausschauten, waren von oben bis unten tätowiert. Das Herz mit „Rosi" in der

Mitte des rechten Oberarms schien die normalste unter den abstrusen Abbildungen von Schlangen, Teufelshörnern, Augen und wirren Mustern zu sein. Der Kopf war blank geschoren und saß scheinbar ohne Hals direkt auf dem gewaltigen Körper. Seine engstehenden Augen vermieden den Blickkontakt mit Anna, und sie versuchte ihn ebenfalls nicht anzustarren. Sie hatte Frau Petrowski und ihren Begleiter vor dem Hauseingang getroffen und fuhr mit beiden nun wieder hoch zum Penthouse. „Es muss einiges renoviert werden und entschuldigen Sie bitte den Dreck, die Wohnung steht schon seit einiger Zeit leer", versuchte Anna ihre Kunden etwas vorzuwarnen, als sie aufschloss. Vorsorglich hatte sie alle Fenster offen gelassen, um den abgestandenen und etwas chemischen Geruch zu vertreiben. „Ach kukke mal Schorschi, was eh schäner Blick uff Frankfurt. Das is ja ma was! Und gross genuch is se ja ach!" Zu Annas Überraschung schien Frau Petrowski von der Wohnung ganz angetan zu sein. Sie lief hin und her, Schorschi im Schlepptau wie ein übergroßes Hündchen, der nicht sprach, sondern gelegentlich nur zustimmend nickte. „Ob ma de Fleck do wegkriesche, wahs ich ja nett, aber ersetze wollema de Tebbisch aschendlich nett, des is ja so deuer!" „Ich bin sicher, man findet auch eine preiswerte Ware", warf Anna ein. „Ja, mir wolln aber nu vermiette, da tuts ne Reinigung ach oder mir legen de alte Perser-Tebbisch druff von der Godi." Nachdem Frau Petrowski und Schorschi die 135 Quadratmeter des Penthouses eingehend inspiziert hatten, verabschiedeten sie sich von Anna und meinten, sie würden sich das überlegen, eigentlich hätten sie das Geld nicht, aber ihr Exmann hätte noch etwas auf der hohen Kante o.Ä., mit dem müsste sie dann nochmal wiederkommen. Anna schluckte und verabschiedete sich, schloss dann die Türen und Fenster, als die beiden die Wohnung verlassen hatten und hoffte, dass der Exmann von Frau Petrowski vielleicht unauffindbar war oder jedenfalls keine weiteren Besichtigungen mit Anna wünschte. „Vielleicht bin ich einfach nicht geschäftstüchtig, eigentlich ist es doch egal, was man verkauft und an wen, oder...?" Sie fühlte sich schuldig, weil sie unter der Marke Drängl & Melkers die schönen Wohnungen aus den Hochglanz-Magazinen im Kopf hatte... und nicht so eine Wohnung im sozialen Brennpunkt.

Als sie die Haustür öffnete, kläffte sie ein riesiger Staffordshire Bullterrier an, der bedrohlich seine Lefzen hochzog und Anna Gelegenheit bot, die volle Bandbreite seines mörderischen Gebisses zu bewundern. Zähne, die, wenn sie einmal zupackten, nie wieder losließen, und dafür wurden diese Hunde auch abgerichtet. „Das ist Dionysos und ich bin Achmed. Der tut nix, nur wenn ich es ihm sage." Anna bemerkte, dass Achmed Dionysos fest an der Leine hielt, sodass sie es wagen konnte, das Tier kurz aus den Augen zu lassen. „Ich bin Anna Goldmann, Maklerin bei Drängl & Melkers." „Sind ja schon viele von Euch da gewesen, aber ist ja nicht einfach mit der Wohnung, hat ein schlechtes Karma, das spürt man." „Und wieso?", wollte Anna wissen. „Hat Dir das die kleine Blonde nicht erzählt, Deine Kollegin? Wie heißt sie noch? Sylvia?" „Silke", verbesserte Anna den Hausmeister. „Die Frau hat dort oben schon ´ne ganze Weile gelegen, bis der Geruch ins Treppenhaus zog, dann haben sie die Tür aufgebrochen, weil ich nicht da war", klärte sie der Hausmeister auf, „keiner kannte sie oder hatte Kontakt mit ihr, sah wohl schon übel aus, ein paar Mäuse waren wohl auch schon dran gewesen." Anna wurde schlecht. „Danke für die Info, ich muss jetzt los, ich habe noch einen Termin!"

Der Sunset-Plan

„Nein, das kann ich nicht machen... sie würde nicht zustimmen. Ich weiß nicht, ob ich das machen sollte... Sie meinen, später wäre eine Aufnahme nicht mehr möglich. Bitte lassen Sie mir Zeit bis Ende der Woche. Ich muss darüber nachdenken. Vielen Dank für Ihren Anruf." Rosalie legte auf und lief unglücklich in ihrer kleinen Altbauwohnung in Bornheim umher. Wie sollte sie das ihrer Mutter klarmachen? Angelina, ihre Mutter, war stur wie ein alter Maulesel, wenn sie eine Meinung gefasst hatte, war sie nur schwer zu bewegen und in diesem Fall schien es ihr fast ausweglos. Aber das Altersheim hatte bestimmte Regeln und die waren einzuhalten, sonst würde ihr Anrecht auf eine Wohnung mit der Möglichkeit einer Fulltime-Betreuung erlöschen. Der Zeitpunkt rückte immer näher, die geleistete Anzahlung würde sonst ebenfalls verfallen. Sie hatte die Anwartschaft vergangenes Jahr für ihre Mutter gekauft. Dafür hatten ihre Ersparnisse als pensionierte Lehrerin gerade noch gereicht. Ihre Mutter hatte ihr das Haus schon vor einem Jahr überschrieben, das hatte ihr ein Steuerberater empfohlen, um die Neureglung zur Erbschaftssteuer zu umgehen. Von dem Verkauf des Hauses könnte sie spielend die Kosten des Heimes bestreiten, sogar mit der höchsten

Pflegestufe, das hatte ihr die freundliche Dame, eine Frau Doris Schulz von der Sunset-Apartments-Vermittlung, genau erklärt. Außerdem hatte sie ihr auch den Namen einer Dame gegeben, die ihr beim Hausverkauf behilflich sein könnte. Sie arbeiteten schon lange mit ihr zusammen, sie sei sehr erfolgreich und habe bisher jedes Haus verkaufen können. Martina Kurz hieß sie. Ob sie schon Kontakt mit ihr aufnehmen sollte? Rosalie schmerzte der Gedanke, dass ihre Mutter das geliebte Haus aufgeben müsse. Aber es war nur eine Frage der Zeit, das Laufen fiel ihr immer schwerer. Was würde passieren, wenn Angelina stürzte und es keiner bemerkte würde?

Der Einstand

Ob Martina auch noch kommen würde, wollte Anna wissen. „Glaub' ich nicht, die kommt fast nie, wenn wir was feiern", meinte Lisa. Also öffnete Anna die Prosecco-Flaschen und goss den Kollegen die Gläser voll. Es waren fast alle gekommen, auch ihr Chef, Jochen Hartmann, war da und wollte sich die Häppchen von „Meyers" nicht entgehen lassen. Ein Snack vor dem Abendessen würde sicher beruhigend auf sein angeschlagenes Nervenkostüm wirken. Er hatte sich immer noch nicht wirklich von dem unerfreulichen Geschehen in München erholt. Jenny hatte nach dem „Tortenunfall" auf ihrem Kleid keinen Ton mehr mit ihm gesprochen. Da sie stumm war, war dies nicht weiter verwunderlich, aber sie schrieb auch keine einzige Nachricht mit ihrem iPhone. Das Letzte, was er von ihr gesehen hatte, war, dass sie hastig die Tortenreste aus ihrem Dekolleté löffelte (natürlich ohne zu probieren), in Tränen ausbrach und wütend auf die Toilette rannte. Sie ließ den zerknirschten Hartmann alleine in seiner VIP-Lounge zurück und fuhr mit dem Taxi nach Hause.

„Ich freue mich sehr, dass ich jetzt mit Euch zusammen arbeite und wünsche uns allen ein tolles, erfolgreiches Verkaufsjahr!" Nachdem nun der „offizielle" Teil ihres Einstandes herum war, trank Anna ihr Glas Prosecco aus und dachte, dass es nur besser werden könnte. Nachdem Hartmann ein halbes Blech Häppchen hastig vertilgt hatte, verließ er den Konferenzraum, und die Stimmung unter den Kollegen lockerte sich merklich auf.

Frederick näherte sich Anna mit seinem Glas und prostete ihr zu: „Willkommen bei uns Anna, ich wünsche Dir eine gute Zeit bei uns, wenn Du eine Frage hast, kannst Du gerne zu mir kommen", dabei zwinkerte er Anna aufmunternd zu, „im Gegensatz zu Martina musst Du mir kein Geld dafür geben!" „Nimm Dich bloß vor unserem argentinischen Galan in Acht", mischte sich Silke in das Gespräch ein, „der hat hier schon einigen den Kopf verdreht", dabei warf sie einen bedeutungsvollen Blick in Richtung Natascha." „Glaub' ihr bloß kein Wort", entgegnete Frederick, „Silke ist unsere Diva hier und wehe, sie bekommt mal nicht die volle Aufmerksamkeit, dann kann sie richtig zickig werden." Anna gab dem freundschaftlichen Geplänkel nicht viel Aufmerksamkeit, konnte sich allerdings das „Kopf-Verdrehen" sehr gut vorstellen. Frederick war ein äußerst attraktiver Mann. Ungefähr 185cm groß, durchtrainiert mit fast schwarzen, mittellangen, gewellten Haaren, tiefdunkelbraunen Augen, die gefährlich funkelten, und einem ausdrucksvollen, markanten, männlichen Gesicht. Aber es war nicht nur sein gutes Aussehen, das Anna so anziehend fand, sondern die Art, wie er sich bewegte. „Geschmeidig wie ein Panther", dachte Anna bei sich und wunderte sich selbst über ihren Vergleich, der aber ziemlich gut diese perfekte Mischung aus Ästhetik und Athletik beschrieb. Sein Blick war wirklich umwerfend, selten hatte Anna einen so jungen Mann (sie schätzte ihn auf

Anfang 30 und sollte recht behalten) mit einer derart charismatischen Ausstrahlung gesehen. Jedenfalls „Galan" oder nicht, sie freute sich über seine Anwesenheit im Team. „Wie lange bist Du denn schon an Bord?", wollte Anna wissen. „Ich bin schon seit eineinhalb Jahren in diesem Shop, gehöre zu den alten Hasen. Viele werfen schon nach kurzer Zeit das Handtuch oder sind pleite. Der Job ist eben nicht für jeden richtig und außer Biss und Geschick gehört auch eine ordentliche Portion Glück dazu." „Glück ist gut", äffte ihn die inzwischen beschwipste Silke nach, „wenn ich mit all meinen Kunden schlafen würde, hätte ich wohl auch mehr Kaufabschlüsse." „Siehst Du, das meine ich, Anna, man muss schon ein dickes Fell hier haben und der Erfolg wird auch oft geneidet. Silke hat es immer noch nicht verkraftet, dass es meine Kundin war, die die Zweimillionen-Villa im Holzhausenviertel gekauft hat und alles nur, weil ihre Kunden zu langsam waren, die haben nicht rechtzeitig den Notartermin fixiert. Erst dann werden ja die Objekte für die anderen gesperrt. Mit ihr geschlafen habe ich viel früher mal, ich kenne die Kundin eben persönlich aus meiner Zeit, als ich noch in München wohnte", konterte Frederick gelassen. „Ja, da ist unser Charmeur eben als Gigolo rumgelaufen", zickte Silke weiter. Jetzt schaute Frederick schon etwas genervt. „Was hältst Du davon, wenn wir beide später alleine noch was trinken gehen, ich lade Dich in meine Lieblingsbar ein, vielleicht können wir uns dann mal ohne dumme Kommentare von Silke in Ruhe unterhalten." Damit verließ der Beau das Damenfeld und ging zurück an seinen Arbeitsplatz. „Das ist eben Verkauf, da hat jeder ´ne ganz große Klappe und will das letzte Wort haben. Alles extrovertierte

Persönlichkeiten, hast Du sicher schon an der Lautstärke der Telefonate bemerkt", kommentierte Lisa das Geschehen. Als Anna später an ihren Schreibtisch zurückkehrte, lagen dort ein Zettel von Frederick mit seiner Handynummer und eine weitere „Neuanfrage" für die Mailänder Straße.

Martina Kurz hatte die Zeit der Abwesenheit ihrer Kollegen genutzt und telefoniert, Telefonate, die sie sonst nur von zu Hause aus hätte erledigen können. Natürlich wollte sie nicht, dass die anderen mitbekamen, dass sie ein lukratives Nebengeschäft mit der Vermittlung von Plätzen im Altenheim „Sunset" betrieb. Bei den Grundbuchrecherchen für ihre bevorzugten Häuser konnte sie leicht feststellen, wer von den Eigentümern schon das gewisse Alter hatte. Diesen Kunden schickte sie dann die Prospekte des Heims zu und rief sie später an, um nachzufragen, ob Interesse bestehen könnte. Axel Wirts, Vertrjebsleiter bei „Sunset", hatte mit Martina ein Abkommen geschlossen. Sie rief unter dem Namen „Doris Schulz" bei den Eigentümern an und gab sich als Mitarbeiterin bei „Sunset" aus. Für jeden geschlossenen Vertrag erhielt sie eine ordentliche Provision - schwarz und bar auf die Hand- und natürlich empfahl „Doris Schulz" stets „Martina Kurz" von Drängl & Melkers allen Kunden, die ihre Immobilien verkaufen wollten, bevor sie ins Altersheim gingen. Es lohnte sich also doppelt für Martina und in diesem Fall war sie besonders scharf auf das kleine Haus im Diplomatenviertel. An dem war sie schon seit drei Jahren dran. Das Haus war etwas heruntergekommen, hatte aber einen unglaublichen Charme und einen Magnolienbaum direkt vor dem Eingang. Den Garten hatte sich Martina vom Nachbarhaus anschauen können, dessen Grundstück sie unerlaubt betreten hatte, aber wen kümmerte das schon, denn das Nachbarhaus stand schon seit Jahren leer. Eine zerstrittene Erbengemeinschaft verhinderte den Verkauf dieses Grundstücks. Selbst Martina war in diesem Fall machtlos gewesen. Aber der Eigentümerwechsel des Hauses mit dem Magnolienbaum in der Ditmarstraße 15 vor einem Jahr kam ihr sehr entgegen, denn die alte Dame, Angelina Owenson, war absolut beratungsresistent gewesen. Obwohl sie schon über 92 Jahre alt war und nicht mehr richtig laufen konnte, dachte sie weder an Verkauf noch daran, sich in ein Altenheim zu begeben. Als sie aber ihr Haus an ihre Tochter überschrieb, allerdings mit eingetragenem Nießbrauch in Form eines lebenslangen Wohnrechts, hatte Martina mit der Tochter Rosalie Owenson, einer älteren und ängstlichen Dame, leichtes Spiel. Sie konnte sie von der Notwendigkeit eines Umzugs ihrer Mutter in ein Altenheim überzeugen. Jetzt drängte die Zeit, denn Martina hatte einen Kunden in London, Peter Marsch, einen Investmentbanker von JPMorgan, der sich das Haus nächsten Monat anschauen wollte, da er mit seiner Familie nach Frankfurt umziehen würde. Natürlich gab sie vor, bereits den Alleinauftrag für das Haus zu haben. Wen würde es schon stören, ob sie einen Auftrag hatte oder nicht, wenn der passende Kunde das Geld auf den Tisch legte? Ob sie doch vielleicht zu etwas härteren Methoden greifen sollte, um die alte Frau Owenson zum Auszug zu bewegen? Sie würde den ehemaligen GF Peter Geiling kontaktieren, der hatte beste Kontakte zu der russischen Halbwelt in Frankfurt.

"Farming"

Anna hatte Frederick noch am gleichen Abend angerufen, sich aber erst für nächsten Dienstag verabredet.

Für dieses Wochenende hatte sie sich vorgenommen, die Hochglanz-Prospekte in ihrem Viertel zu verteilen. Patrick war heute mit seinem Freund Peter zum Golfspielen im Golfclub Lindenhof verabredet, sodass es ihr nicht schwer fiel, ihn heute alleine zu lassen, um zu arbeiten.

Zuerst hatte Anna etwas konsterniert reagiert, als Jochen Hartmann im Teammeeting mitgeteilt hatte, dass das Austragen der schweren Prospekte nun Sache der Kaufberater war, sie sollten diese in ihren zugewiesenen Vierteln verteilen. „Farming" war eine ganz wichtige Maßnahme, um an neue Objekte zu kommen. Obwohl Drängl & Melkers einen hohen Bekanntheitsgrad hatte und sich viele Eigentümer überhöhte Verkaufspreise versprachen, wenn sie mit Drängl & Melkers verkaufen würden, reichten diese Kunden alleine nicht aus. Es war wichtig, selbst auch geeignete Objekte im Zielgebiet zu finden, die Eigentümer davon ausfindig zu machen und einen Verkauf zu initiieren oder den Moment eben abzupassen, wenn ein Verkauf des Hauses anstand. Krankheit und Alter waren neben Scheidung und Tod der Hauptgrund für einen Verkauf. Oftmals waren solche Häuser an dem etwas heruntergekommenen Zustand zu erkennen. Ein Indiz dafür, dass das Geld oder die Kraft für die Instandhaltung der Häuser fehlte. Übervolle Briefkästen oder außerhalb der Ferienzeit heruntergelassene Rollläden waren ebenfalls Hinweise auf leerstehende Häuser. Von Lisa hatte sie erfahren, dass unter Geiling die Prospekte noch mit Aushilfen verteilt wurden. Aber Hartmann erklärte dem Team, das es ganz wichtig wäre, sein Zielgebiet selbst kennenzulernen, um leere Briefkästen und verwahrloste Gärten zu bemerken, die auf mögliche leerstehende Häuser oder alte Leute schließen ließen, die bald ins Altenheim gehen oder sterben könnten. Das hatte durchaus seine Berechtigung, aber die eigentliche Absicht dahinter war, Kosten einzusparen. Gewissenhaft hatte er seit der Übernahme alle Kostenpositionen überprüft. Die, die ihm nicht unbedingt notwendig erschienen, strich er. Ebenso hatte er den Verkauf der Kaffeemaschine durchgesetzt und beim Discounter jede Menge abgelaufenen wasserlöslichen Kaffee gekauft. Nur im Konferenzraum befand sich eine nagelneue Nespresso-Maschine mit bunten Kapseln, die in einer Vitrine eingeschlossen waren und ausschließlich für 1a-Kunden hervorgeholt wurden.

Anna parkte ihren roten Mini in der Frauenlobstraße, hob den schweren Trolley mit den Prospekten aus dem Kofferraum heraus und freute sich, dass sie einen freundlichen Frühlingstag erwischt hatte. Die Temperaturen waren, wie das so manchmal im Rhein-Main-Gebiet ist, über Nacht erstaunlich gestiegen. Die Sonne schien und die Magnolien fingen an, ihre Knospen zu öffnen. Herrlich, diese breiten Straßen und was für wunderschöne Villen hier standen. Anna war sofort angetan von ihrem schönen Gebiet. Zunächst lief sie in Richtung der Zeppelinstraße und begann am Anfang der Broßstraße mit der Verteilung.

Auf der Ecke der beiden Straßen stand die „Villa Wertheimer", die einer bedeutenden Bankiersfamilie in Frankfurt gehört hatte. In diesem Viertel lebte einst die glanzvolle Prominenz und wirtschaftliche Macht von Frankfurt: Bankiers, Unternehmer, Vorstände, Ärzte, alles, was Rang und Namen hatte, verewigte sich mit einer prunkvollen Villa. Die „Villa Weil" wurde hier vom Unternehmer Herman Weil großbürgerlich im neoklassizistischen Stil 1912 erbaut. Später, im Nachkriegsdeutschland, kaufte sie die DFB-Zentrale, bevor sie dann wieder an eine Anwaltskanzlei verkauft wurde. Im Stil des Neobarock wurde die „Villa Merton" errichtet und war seit über 50 Jahren Treffpunkt der internationalen Elite des Union-Clubs. Hochkarätige Persönlichkeiten von Colin Powell bis Warren Buffet oder Richard von Weizsäcker hatten hier schon Vorträge gehalten. In den prunkvollen Räumen befand sich außerdem ein renommiertes Sternerestaurant. Die Küche dort war vorzüglich. Anna hatte bereits das Vergnügen gehabt, dort zu essen. Patrick hatte mit ihr einen bedeutenden Abschluss gefeiert und sie dorthin eingeladen.

Die Baustile der Villen variierten zwischen Klassizismus, Biedermeier, Neubarock oder auch dem Englischen Landhausstil. Erbaut in einer hoffnungsvollen Zeit, die kommenden beiden Kriege nicht ahnend, die Deutschland schwer mit Schuld und gerade Frankfurt in den 50er Jahren fast überall mit hässlichen und schnell hochgezogenen Häusern versah und der ehemaligen

Pracht der reichen Handelsstadt schweren ästhetischen Schaden zufügte. Hier im Diplomatenviertel, das seinen Namen nach dem 2. Weltkrieg von den dort so zahlreich angesiedelten Konsulaten erhielt, war zum Glück nicht alles zerstört worden und die ausgebombten Villen wurden größtenteils auch wieder im selben Stil aufgebaut.

Viele Briefkästen hatten zwar ein „Keine-Werbung-Schild" in signalorange aufgeklebt, aber das wurde von Drängl & Melkers so lange ignoriert, bis eine schriftliche Beschwerde des Eigentümers vorlag. Diese wurde dann im System vermerkt und der Kunde bei der nächsten Einwurf-Aktion ausgelassen. Bei Rechtsanwälten sollte man allerdings vorsichtig sein und besser nichts einwerfen, das hatte Anna jedenfalls bei ihrer Schulung gelernt. Mit denen war nicht zu spaßen. Es gab Anwälte, die sich darauf spezialisiert hatten, Maklern „Abmahnungen" zu schicken. Daher war auch äußerste Vorsicht einzuhalten beim Internetauftritt, dem Impressum und den Anzeigen. Strafen bis teilweise 50.000 Euro waren zu erwarten bei „Vergehen" gegen irgendwelche Formalitäten.

Unglaublich, wie still es hier am Morgen war. Vom hektischen Treiben der Stadt und dem Verkehr bekam man hier nichts mit. Es schien fast so ruhig zu sein wie bei Anna zu Hause in Kronberg. „Wer hier früher wohl gelebt hatte", fragte sich Anna, als sie vor der riesigen, mindestens 600 qm großen Villa stand. Dem Namensschild nach zu urteilen war sie jetzt im Besitz einer evangelischen Stiftung. Die Villa sah zwar unbewohnt aus, von Martina wusste sie aber, dass es keinen Sinn hatte anzufragen, da die nicht verkaufen würden, sie hatte sich schon drei Jahre darum bemüht. Eine zerstrittene Erbengemeinschaft, aussichtslos.

Anna bog jetzt ab in die Ditmarstraße. Diese Straße war nicht ganz so breit wie die Frauenlobstraße, und die Häuser dort waren auch etwas kleiner, aber auch sie waren anfangs des letzten Jahrhunderts erbaut worden.

Die Zeit schien hier noch still zu stehen. Als Anna vor einem hübschen rosafarbenen, etwas heruntergekommenen Haus stand, bemerkte sie eine alte Frau, die gebückt hinter dem Zaun stand und mit einem großen, roten Kater sprach. Anna beschloss die Dame anzusprechen und grüßte sie freundlich. Langsam drehte sich die alte Frau um und Anna lachte: „Hallo, Frau Owenson, wie geht es Ihnen? So eine Überraschung. Wohnen Sie hier?" Die alte Frau schaute etwas misstrauisch, da sie Anna offensichtlich nicht erkannte. „Wir kennen uns aus dem American Women's Club, wir haben letztes Jahr zusammen Kuchen verkauft bei der Wohltätigkeitsveranstaltung, zugunsten des Waisenhauses in Rumänien." Jetzt lächelte die alte Frau, und obwohl sich ihr Gesicht dabei in 1000 Falten legte, hatte sie immer noch die lebendige Ausstrahlung einer charmanten, schönen Dame. „Anna... Anna Goldberg, nicht wahr?" „Ja genau, das ist ja nett, dass Sie noch meinen Namen kennen!" „Na hör mal Mädchen, meine Beine und meine Augen funktionieren vielleicht nicht mehr so, aber hier oben ist noch alles klar!", dabei tippte sie sich auf die Stirn. „Was machst Du denn hier, Mädchen? Trägst Du jetzt Zeitungen aus? Ich dachte, Du schreibst für die Zeitung? Habt ihr jetzt so wenig Geld, dass ihr selbst austragen müsst?" Anna lachte. Die beiden hatten letztes Jahr viel Spaß beim Verkaufen gehabt und Anna hatte damals die alte Dame richtig in ihr Herz geschlossen, die augenscheinlich mit so viel Liebe und Offenheit durch das Leben ging, freundlich und ohne Vorurteile jeden annahm und nicht aufgehört hatte, an das Gute im Leben zu glauben, obwohl das Schicksal ihr hart mitgespielt und ihr Mann und Sohn genommen hatte. „Komm rein Anna, Du hast sicher Zeit für einen Kaffee und ein Stück Schwarzwälder Kirschtorte, die habe ich gestern extra beim Café „Laumer" geholt, und die haben nach wie vor den besten Kuchen in Frankfurt!"

Anna freute sich, die alte Dame wiederzusehen und nahm ihre Einladung gerne an. Sie war noch nie bei ihr zu Hause gewesen und wusste auch nicht, dass sie hier im Diplomatenviertel lebte. „Alles original Fünfzigerjahre", dachte Anna, „fast wie aus einem Museum". Auch hier drinnen schien die Zeit still zu stehen. „Weißt Du, Jack hat damals das Haus gekauft. Eines Tages kam er nach Hause zu mir, in unsere kleine Wohnung in Frankfurt und strahlte: „Angie, ich habe ein Haus für Dich gekauft!" Ich habe mich furchtbar aufgeregt, wie er so etwas ohne mich machen konnte, ein Haus auszusuchen, das ich vorher nicht angeschaut hatte! Er beruhigte mich und meinte: „Angie-Baby, warte, es wird Dir gefallen." Und er hatte recht, mein Jack. Es gefiel mir, ich hatte mich sofort in dieses Haus verliebt. Der Magnolienbaum im Vorgarten blühte, so wie heute…" Angelina schloss die Augen, sichtlich bewegt von ihren Erinnerungen an die vergangene Zeit und ihren geliebten Mann. „Es ist wunderschön, Ihr Haus, Frau Owenson", bemerkte Anna leise und sanft. „Ja Anna, das ist alles, was mir geblieben ist vom Leben, alle meine Erinnerungen sind hier… So mein Kind, möchtest Du einen Kaffee oder einen Pfefferminztee mit getrockneten Blättern aus meinem Garten? Und bitte nenne mich Angelina!" Anna genoss die Gesellschaft der alten Dame sehr, es umgab sie eine Aura von Liebe und Harmonie, die eine positive, beruhigende Wirkung auf sie hatte. Anna erzählte Angelina, dass sie nun bei einer Immobilienfirma, die Drängl & Melkers hieß, zu arbeiten angefangen hatte, da ihr alter Job in der Personalagentur ihr nicht so viel Spaß gemacht hatte. Anna wunderte sich, dass Angelina ihre Tätigkeit bei der Zeitung aus der Unterhaltung hinter der Kuchentheke in Erinnerung geblieben war, dabei hatte Anna das Schreiben immer nur nebenher machen können. Man verdiente einfach zu wenig, um den Lebensunterhalt bestreiten zu können und da war es egal, ob man für die Taunuszeitung, Frankfurter Neue Presse oder die Rundschau schrieb. Es war zu wenig! „Wie geht es denn Deinem Schatz und hat er endlich einen Antrag gemacht?" Anna war erstaunt über die Frage, da sie Angelina damals zwar von ihrem Freund erzählt, aber das Thema „Heirat" dabei völlig ausgeklammert hatte. Natürlich, das war wieder typisch für so alte Leute, dachte Anna etwas ärgerlich, da sie das Thema nicht gerne zur Sprache brachte, für die war es natürlich wichtig, dass man in „geordneten Verhältnissen" lebte. Anna antwortete, dass es ihr wichtig war, dass ihr Freund sie liebte und das würde ihr reichen. Angelina schaute sie erstaunt an: „Papperlapapp Anna, jede Frau möchte geheiratet werden, was denkt er sich nur dabei, eine so schöne junge Frau ohne Ring in der Welt rumrennen zu lassen? Soll ich mal mit ihm reden, Kleines?" „Wie kann es nur sein", dachte Anna, dass Angelina ein Gespür hatte für die Dinge, die Anna lieber im Dunkeln lassen würde. Auch beim Kuchenverkaufen letztes Jahr hatte sie ihre Scheidung und das ganze Desaster aus ihr hervorgeholt. Es war, als könnte Angelina direkt in ihr Herz schauen. „Ihr Garten ist wunderschön", bemerkte Anna schnell, um das Thema auf etwas Unbefangenes zu lenken. Von dem kleinen Kaffeetisch aus poliertem Kirschbaumholz aus konnte man durch die Fensterfront des kleinen Wintergartens in den Garten schauen und dem langsamen „Frühlingserwachen" der Pflanzen zuschauen. Ein kleiner japanischer Zierkirschbaum blühte in zartrosa. In den Beeten schauten bunte Narzissen und Krokusse hervor. Im Gemüsebeet rechts am Zaun zum Nachbargrundstück sah man schon die Furchen, die sorgfältig mit einem Rechen gezogen waren, und an kleinen Holzstöckchen hingen Zettel, die wohl die Aussaat kennzeichneten. Direkt vor der Terrasse stand ein Vogelhaus, in dem trotz des frühlingshaften Wetters heute noch Betrieb war. „Das ist mein kleines Paradies... und alle versuchen, mich von hier zu vertreiben!" Angelina seufzte traurig. „Wer will Sie denn hier vertreiben?" Anna war bestürzt. „Die meinen, ich gehöre ins Altenheim, nur weil ich etwas hinke. Die sind wie die Schmeißfliegen, die vom Altenheim „Sunset" rufen jede Woche hier an und auch eine Maklerin, ich glaube sogar von Drängl & Melkers ist sie..." „Wie heißt sie denn?" „Ich glaube, eine Frau Sturz, nervige Person, kennst Du sie, mein Kind?" Anna überlegte, bestimmt meinte sie „Martina Kurz". Angelina hörte ja nicht mehr so gut. Aber wie kam es, dass Martina in ihrem Gebiet immer noch akquirierte, und warum in aller Welt rief sie jede Woche an, obwohl Angelina nicht verkaufen wollte, das war doch wohl offensichtlich. Und was hatte es mit dem Altenheim auf sich? „ Ja, sie ist eine Kollegin von mir, soll ich ihr sagen, dass sie nicht mehr anrufen soll?" „Das wäre lieb, mein Kind, ich rege mich immer so auf, wenn sie anruft. Die Vorstellung, das Haus hier zu verlassen, tut mir sehr weh. Weißt Du, ich hänge an meinen Erinnerungen, das ist alles, was man als alter Mensch noch hat. Und Rosalie, Du kennst ja meine Tochter, sie will mich unbedingt ins Altenheim bringen..." „Aber warum denn, Sie kommen doch noch prima hier zurecht, oder?" „Die haben da blöde Regeln, es gibt eine Obergrenze und dann nehmen sie einen nicht mehr auf ins Betreutes Wohnen-Programm. Wie albern ist das eigentlich: zu alt fürs Altenheim! Und Rosalie, meine Rosalie, war schon immer zu ängstlich. Sie denkt, ich würde hier umfallen oder stürzen und keiner würde es merken." Angelina war jetzt sichtlich erregt. „Mich bekommt hier keiner raus, eher trinke ich einen giftigen Tee, als dass ich das Haus verlasse!" Sie sah jetzt trotzig aus, wie ein kleines Kind und Anna lenkte das Gespräch auf den dicken roten Kater, der jetzt um Annas Beine strich.

„Das Haus meiner Nachbarn soll aber bald verkauft werden, Frau Müller ist schon über ein Jahr verstorben, wenn Du willst, Anna, frage ich mal bei ihren Kindern nach, ob sie eine tüchtige und ehrliche Maklerin wie Dich gebrauchen können." „Das wäre ganz lieb von Ihnen, Angelina", antwortete Anna.

Versprechen konnte sie Anna zwar nichts, da die Erben des Nachbargrundstückes zerstritten waren und sich nicht über den Hausverkauf einigen konnten, aber sie wollte es zumindest versuchen. Sie mochte Anna, dieses lebhafte junge Ding (für eine 93-Jährige war eine 44-Jährige eben noch sehr jung!), sie erinnerte sie an die junge Frau, die sie einmal selbst gewesen war. Anna hatte ihr Herz am rechten Fleck und war ehrlich und hielt nicht mit ihrer Meinung hinter dem Berg, und sie war leidenschaftlich. Das hatte sie bemerkt, als Anna ihr vom Schreiben erzählt hatte. Sie fragte sich, warum sie jetzt versuchte, Häuser zu verkaufen. Warum schrieb sie nicht? Es gab doch auch Leute, die davon leben konnten, oder? Aber sie wusste auch, dass Anna durch die Scheidung nicht gut gestellt war. Sie hatte ihren Mann nach 20 Jahren für einen anderen verlassen, den sie wohl sehr liebte, aber so ganz glücklich schien ihr Anna auch nicht zu sein, irgendetwas stimmte da nicht, das konnte sie spüren. Und warum heiratete dieser neue Mann Anna nicht? Eine Frau wie Anna musste man doch festhalten. Aber das hatte Angelina im Laufe ihres langen Lebens auch gelernt: manchen Männern musste man die gepackten Koffer vors Haus stellen, damit sie merkten, dass etwas nicht stimmte.

Der Goldfisch im Haifischteich

„Was soll denn der Fisch hier bei uns?" Auf Lisas Tisch im Eingangsbereich des Shops von Drängl & Melkers stand ein kleines Glas, in dem ein verängstigter Goldfisch unruhig hin und her schwamm. „Hat der Hartmann hier heute Morgen abgestellt, damit die Kinder der Kunden was zum Gucken haben. Außerdem passt er farblich exakt zu unserer Markenfarbe Orange." „Was, wir haben doch die Malstifte, der arme Fisch, wie soll der denn in einem Glas überleben, ohne Pflanze und Sauerstoff?" Lisa zuckte ungerührt von Annas Tierliebe mit den Achseln und kümmerte sich wieder um das Layout der neuen Exposés, die sie heute noch fertig stellen musste. Anna ging verärgert an ihren Platz zurück. Der arme Fisch, wie sollte er das nur in diesem Glas überstehen? Ein Goldfisch brauchte die Gesellschaft anderer Goldfische, sonst würde er eingehen. Außerdem hatten die Goldfische ein gutes Gehör und konnten innerhalb desselben Frequenzbereichs hören wie die Menschen. Dieser hier stand direkt neben Lisa Telefon. „Grausam, so mit Tieren umzugehen", dachte Anna und überlegte, wie sie dem Goldfisch helfen könnte, um sein Überleben zu sichern. Sie wandte sich dann aber wieder dem Computer zu, als ihr keine Lösung einfiel für das Fischproblem.

Jochen Hartmann hatte das Glas inklusive Tier vom Messestand eines Ausstellers der Prolight & Sound Messe in Frankfurt mitgenommen. Er war der Einladung eines Ausstellers nachgekommen, der ihm ein teures Media-System für den Shop verkaufen wollte. Zwar war Hartmann derzeit nicht an diesem teuren Produkt interessiert, aber die Verpflegung an diesen Ständen war immer sehr gut, so wie sein Appetit, vor allem, wenn er etwas kostenlos bekommen konnte.

Die junge blonde Hostess mit einem Piercing in der Oberlippe wollte den Fisch abends sowieso ins Klo schütten, da sie nicht wusste, was sie nach der Veranstaltung damit machen sollte. Hartmann dachte, für die Kinder seiner Kunden wäre das nett anzuschauen, die langweilten sich oft, wenn sie mit in den Shop geschleift wurden, während die Mütter sich von den Kaufberatern die exklusiven Exposés zeigen ließen. Also nahm er den Fisch mit, schließlich gab es ihn gratis und das Glas noch dazu, und würde er morgen mit dem Bauch nach oben schwimmen, würde er die 59 Cent für einen neuen ausgeben können.

Anna wollte zunächst die Häuser eingeben, die ihr am Samstag bei ihrer Einwurf-Aktion aufgefallen waren. Vielleicht würden einige von ihnen demnächst in den Verkauf kommen. Außerdem hatte ihr Angelina die Telefonnummer von Frau Roth gegeben, einer der Erben des leerstehenden Nachbarhauses und hatte Anna versprochen, selbst bei ihr anzurufen, um ein gutes Wort für Anna einzulegen. Zwar hielt Angelina nichts von Maklern, aber Anna würde bestimmt eine Ausnahme sein, denn sie war ehrlich, das spürte die alte Frau und Anna wusste, dass sie ihr zugetan war.

Annas Stimmung verdüsterte sich zusehends, als sie merkte, dass die meisten der Häuser, die sie entdeckt hatte, bereits bei Martina gespeichert waren. Die Fristen hatte sie erst kürzlich erneuert, das konnte Anna im System erkennen, obwohl da doch schon klar war, dass Anna dieses Gebiet übernehmen sollte. Überall nichtssagende NE: „Nicht erreicht". Das konnte doch echt nicht wahr sein! Dann hatte sie sozusagen für ihre Kollegin die Prospekte dort verteilt. Würde sich ein Eigentümer melden, der verkaufen wollte, war es Martinas Kunde, wenn er bei ihr auch nur mit einem „NE" gespeichert war. Sie überlegte, ob sie zu Hartmann gehen sollte, entschied sich dann aber doch dagegen. Sie musste sich doch auch alleine durchsetzen können... dann erinnerte sie sich an das Versprechen, das sie Angelina gegeben hatte.

„Martina, Du betreust doch die Ditmarstraße 15, oder?", sprach Anna die in den Computer hämmernde Kollegin an, die sie bis dahin erfolgreich ignoriert hatte. „Ja, da bin ich schon lange dran, die alte Kuh will immer noch nicht verkaufen!" „Schönen Gruß von der alten Kuh, und sie will nicht weiter von Dir belästig werden. Könntest Du bitte die Telefonate einstellen? Ich kenne sie persönlich, sie ist eine reizende alte Dame und Deine Anrufe setzen ihr wirklich zu!" „Du verstehst echt nicht, wie das Geschäft hier läuft, Anna", zischte Martina sie an, „genau so funktioniert das, immer wieder anrufen, gerade die Alten sind irgendwann dement, und dann können wir ihnen die Häuser sogar noch super günstig abnehmen und dann schnell verkaufen!" Anna war schockiert über so viel kaltblütige Ignoranz, aber sie würde nicht locker lassen, sie würde schon dafür sorgen, dass

Angelina unbehelligt ihren Lebensabend in ihrem Häuschen genießen konnte.

Anna ging nochmal die aktuellen Angebote durch und glich sie mit den ihr zugewiesenen Kunden ab. Vielleicht konnte sie ja einige der besseren Wohnungen aus dem Westend-Nord anbieten. Sie wollte bald einen Abschluss machen und nach dem Gespräch heute Morgen mit Harald Will von der Frankfurter-Sparkasse in Bad Soden hatte sie nun das Gefühl, dass sie das musste! Ihr Konto war am Anschlag und sie war drei Raten für den Kredit des Hauses in Kronberg im Verzug, den sie seit der Scheidung alleine abzahlen musste. Ihre letzten Ersparnisse hatte die Schulung in Berlin verzehrt, auch die Maklerlizenz hatte weit über 1000 Euro gekostet. Die 2000 Euro für die Schulung würde sie zwar mit dem ersten Abschluss verrechnet bekommen, so stand es jedenfalls in ihrem Vertrag. Aber ohne Abschluss keine Erstattung und ohne Erstattung keine Möglichkeit, Herrn Will noch weiter hinzuhalten. Er hatte ihr das heute Morgen sehr deutlich gesagt. Patrick wollte sie nicht um Geld fragen, er zahlte schon für den Strom, die Urlaube, Restaurantbesuche und für den teuren und schnellen Internetanschluss, Telefon und SKY - wobei Anna kein SKY brauchte! Sie fand es sterbenslangweilig, „Golf" im Fernsehen anzuschauen. Okay, für Filme vielleicht war SKY noch ganz sinnvoll, aber eigentlich schaute sie sowieso am liebsten Serien auf dem Sender Sixx, wie „Desperate Housewives" oder „Grey's Anatomy" und die gab es schließlich auch ohne teuren SKY-Anschluss. Sie musste an ein Zitat aus dem Roman „Das Bildnis des Dorian Gray" von Oscar Wilde denken und grinste. Der englische Literaturkurs der Volkshochschule in Stuttgart war ihr nicht nur wegen der schrulligen Lehrerin in Erinnerung geblieben, die extrem „schwäbelte" und ein grauenvolles „Schwäb-Englisch" sprach, sondern Wilde hatte sie damals sehr beeindruckt: „Nur Leute, die ihre Rechnung bezahlen, brauchen Geld, ich zahle meine nie." Das jedenfalls hatte der Romanheld von Oscar Wilde gesagt. Anna gehörte allerdings zu der Sorte Menschen, die ihre Rechnungen zahlen wollten. Und sie war stolz. Sie musste es auch alleine schaffen.

Ihre Freundin Karin, eine bekannte Scheidungsanwältin aus Königstein, sagte zwar immer, die Männer müsste man melken und ausquetschen, und wenn die Milch versiegt, gegen eine besser Kuh austauschen… aber Patrick war schließlich schon ihr zweiter Mann und melken wollte sie ihn wirklich nicht. Sie liebte ihn.

Der Koffer vor der Tür

„Du hast mich angelogen!!!", Anna war außer sich vor Wut, „wie konntest Du mir das nur antun?" Ihr stiegen die Tränen in die Augen. Es war so bitter für sie, ausgerechnet Patrick belog sie. Sie hatte so viel für ihn aufgegeben. „War es der Abend mit ihr wenigstens wert?", wollte Anna wissen. „Du bist wie eine Furie, so rede ich nicht mit Dir, lass uns später darüber diskutieren, ich muss jetzt auch los, ich bin zum Golfen verabredet." Als ob es nun wichtig wäre, rechtzeitig zum Golfen zu kommen, wenn es jetzt um die Beziehung ging. Anna wurde noch wütender, wenn das überhaupt noch steigerungsfähig war. Wie konnte er es wagen, sie jetzt auch noch von oben herab zu maßregeln, wo er doch eindeutig im Unrecht war? Immer war sie daran schuld, wenn sie sich stritten. Denn er liebte ja die Harmonie, die Anna so oft störte, weil sie nachhakte, nicht locker ließ, wenn sie spürte, dass etwas nicht stimmte. Sie hatte die Abrechnung des Restaurants gesehen oder sollen wir lieber sagen, sie hatte sie endlich ganz unten in seiner Schublade gefunden und damit ihr ungutes Gefühl bestätigt bekommen. Sie hatte ihn von ihrer Schulung in Berlin bei Drängl & Melkers dienstagabends gegen 22.00 Uhr zu Hause angerufen, konnte ihn aber nicht erreichen. Das

Handy war auch ausgeschaltet gewesen. Am nächsten Morgen hatte er sie zurückgerufen und gab vor, im Kino gewesen zu sein. Er hatte sie angelogen, er war nicht im Kino gewesen, sondern war zum Essen ausgegangen. Ausgerechnet ins „Opera", da waren er und Anna sich zum ersten Mal näher gekommen... und ausgerechnet mit seinem alten Schulfreund Rolf, einem mittelmäßig erfolgreichen Banker, der wie so viele dieser Sorte in der Frankfurter Halbwelt genauso zuhause war wie auf den zahlreichen nichtssagenden Vorstandssitzungen. Anna hasste ihn. Rolf war borniert und unbeholfen wie ein großes Kind. Er spiegelte für sie das volle „Protz und Proll-Programm" wieder, mit goldener Rolex, unmöglich geschmacklosen teuren Klamotten, und jedes Mal tauchte er mit einem neuen, immer jünger werdenden Fotomodell auf, rauchte dicke Zigarren und ließ sich feiern wie ein Halbgott. Die meist etwas einsilbigen Frauen mussten ihn immerzu anlächeln. Das war sicherlich im Preis inbegriffen.

Auf der Rechnung konnte man aber sehen, dass es vier Personen waren, die in dem Edelrestaurant gegessen hatten. „Wie blöd sind die Männer eigentlich", dachte Anna. Hob die verdammte Rechnung auf, um sie auch noch absetzten zu können!!! Sie wollte es jetzt wissen, sie würde ihn nicht davon kommen lassen. „Du sagst mir jetzt sofort, wer die andere Tussi war, oder... oder es ist Schluss!!!" „Gut, einverstanden, mir reicht es nämlich auch mit Dir!", entgegnete der total entnervte Patrick, der sich nicht so von ihr in die Enge treiben lassen wollte, schließlich war es doch nur ein lapidares Abendessen gewesen und ein sehr langweiliges dazu. Patrick nahm sein Golfbag und schlug die Haustür hinter sich zu. Anna war jetzt rasend vor Wut, dass er sie so stehen gelassen hatte, das würde sie sich nicht gefallen lassen. Zehn Minuten später war der Schlüsselnotdienst da und wechselte das Schloss aus. „So junge Frau, jetzt können Sie sicher sein, dass niemand mit dem verlorenen Schlüssel Unfug treibt." Da war Anna sich auch ganz sicher. Sie packte schnell einen Koffer für Patrick mit ein paar Kleidungstücken und stellte ihn vor die Tür.

„Du bist echt eine Drama-Queen, Anna!", meinte Karin liebevoll zu Anna, als die wütende Freundin tief verletzt und weinend zu ihr kam und ihr alles erzählt hatte. Obwohl die beiden Frauen sehr unterschiedlich waren, verband sie eine tiefe Zuneigung füreinander. „Warte doch mal ab, er liebt Dich, da bin ich sicher, der kommt wieder. Und es war doch nur ein Abendessen, oder?" Anna war zu verletzt und konnte sich eine Versöhnung nicht vorstellen. Ausgerechnet Patrick hatte sie angelogen, wo er doch immer die Ehrlichkeit predigte. Irgendwann würde sie einen Partner finden, der sie nicht belügen würde, da war sie sich sicher, und natürlich würde sie diesen Traummann auch heiraten mit großer Schleppe und allem Tamtam. Ja, sie war eine richtige Drama-Queen und dazu stand sie! Der Rotwein tat ihr gut und sie trank das ganze Glas in einem Zug aus. Gut, dass ihr Karin angeboten hatte, bei ihr zu übernachten. Karin versuchte beruhigend auf die Freundin einzureden und hoffte, sie würde sich das mit Patrick nochmal überlegen. Es war nicht leicht, alleine zu sein, das wusste sie aus eigener Erfahrung. Sie glaubte nicht, dass Anna ihr Haus ohne Unterstützung halten könnte und wusste aber auch, wie viel es Anna bedeutete. Es war das Haus ihrer geliebten Großeltern gewesen, an denen die Freundin sehr gehangen hatte. Wie sollte Anna alleine ihren Lebensstandard halten? Als Scheidungsanwältin wusste sie, wie das Schicksal mancher „Taunusladies" nach einer Trennung aussehen konnte. Anstatt Shopping bei „Famous-Fashion" oder „Dakinis" war dann Karstadt angesagt. Schließlich war es wichtig, einen Partner zu haben, der Geld hatte und alles bezahlte, sodass der eigene Verdienst zur Altersvorsorge angelegt werden konnte.

Das alles interessierte Anna aber herzlich wenig. Im Gegensatz zu ihrer Freundin Karin legte Anna großen Wert auf ein Leben vor der Rente. Ein Leben voller Liebe und Leidenschaft. Anna, die Drama-Queen, schmollte und fühlte sich fast behaglich in ihrer Rolle als Rächerin der Lügen. Die Einwände der Freundin zogen nicht. Karins Gedanken schienen sich immer um Absicherung im Alter zu drehen oder um die Erhaltung des Lebensstandards mittels mittelprächtiger Männer, die willens waren, ihren aufwendigen Lebensstil zu bezahlen.

Anna war zu stolz, um sich von einem Mann aushalten zu lassen, sie wollte selbst alles erreichen und sich leisten können, was sie wollte, notfalls würde sie das Haus verkaufen und eine kleine Wohnung beziehen.

Allein das Wort „Aushalten" fand Anna grässlich, denn sie wollte mit ihrem Partner glücklich zusammenleben und sich nicht „aushalten" lassen.

Sie hatte lernen müssen, was der Preis eines „Rundumsorglos-Leben" bedeutete, an der Seite von Norbert. Diesen Fehler wollte sie nicht mehr wiederholen.

Während Karin ihre wechselnden Lebensabschnittspartner bei „Parship" akquirierte und sich auf Porscheliebhaber, Golfspieler, Sternerestaurantbesucher und

Immobilienbesitzer konzentrierte, war es Anna wichtiger, mit ihrem Partner Spaß zu haben, zu lachen und sich leidenschaftlich zu lieben. Deswegen hatte sie aber natürlich nichts dagegen, dass Patrick Geld hatte. Anna hatte überhaupt nichts gegen Geld, im Gegenteil, nur dass es eben gerade nicht wirklich da war...

Braune Augen oder das Spiel mit dem Panther

„Hattest Du denn was mit ihr?", wollte Anna wissen und nippte an ihrem Cosmopolitan-Drink, der mal wieder die perfekte Mischung hatte. Die Luna Bar machte hervorragende Cocktails und war Annas Lieblingsbar in Frankfurt. Sie freute sich, dass sie sich heute hier mit ihrem Arbeitskollegen Frederick treffen konnte, der die Bar auch vorgeschlagen hatte. „Bestimmt", grinste Frederick, „aber wen meinst Du denn?" Der Beau lächelte verführerisch und entblößte dabei seine makellos weißen Zähne. Anna lachte. „Natascha meinte ich." „Die beiden wären nämlich das perfekte Paar, wie Ken und Barbie", dachte sie bei sich. „Hast Du sie denn schon ein wenig kennengelernt?", wollte Frederick wissen. "Nicht wirklich, war nur kurz mit ihr essen, aber sie ist so schön, könnte mir vorstellen, dass es auch Dir nicht entgangen ist, dass Du eine extrem gut aussehende Kollegin hast." „Stimmt, das ist auch mir nicht entgangen, obwohl ich eigentlich Tag und Nacht nur schufte und kaum von meinem PC aufblicke", scherzte Frederick, „in der Tat habe ich mich sehr um sie bemüht, als sie neu im Team war, aber das hat andere Gründe gehabt, als Du vermutest, mir hat sie wirklich leid getan." Das Lächeln war jetzt verschwunden und seine Miene verdunkelte sich. „Wieso hat sie Dir leid getan?", wollte Anna wissen. „Der ehemalige GF, Peter Geiling, hat sie ins Team geholt. Du kennst ihn nicht, aber, er ist echt ein knallharter Bursche, der ohne Rücksicht auf Verluste Geschäfte gemacht hat. Er hat uns Kaufberatern oft die besten Geschäfte weggenommen, um noch selbst zusätzlich Kohle zu verdienen, obwohl er das als Shop-Leiter nicht nötig hatte und auch nicht sollte, schon gar nicht hier in Frankfurt mit all den verrückten Bauträgern, die nur darauf warten, gemeinsames Geschäft mit einem Shop zu machen." „Und Natascha, hat er auch ihr viele Geschäfte weggenommen?", wollte Anna wissen. „Nee, das war da nicht das Thema. Natascha war seine Geliebte oder sollte ich besser sagen, seine persönliche Hure. Er hatte sie gekauft, von einem russischen Zuhälter, der hier ein Edel-Bordell führt." „Das ist ja echt krass!", rief Anna entsetzt aus. „Jetzt weißt Du auch, warum die anderen einen Bogen um sie machen. Sie wissen zwar nichts von ihrer Vergangenheit, aber als Geliebte von Geiling konnte man ja nur schräg drauf sein." „Ist sie noch mit ihm zusammen?" „Nee, das glaube ich nicht, denn das Schwein sitzt ja in U-Haft zur Zeit", Frederick war jetzt sichtlich angespannt und seine Stimme klang gepresst. Anna spürte die Wut und den Hass, den Frederick offensichtlich gegen Geiling verspürte. „Er schlug sie, auch darin war er Profi, denn er schlug sie nie ins Gesicht. Keiner merkte was..." „Wie hast Du das rausgefunden?" Anna konnte nicht aufhören zu bohren, jetzt wollte sie alles wissen, obwohl sie es auch wieder bereute, weil sie nicht unbedingt hören wollte, was er nun vermutlich sagen würde... "Nein, so war es nicht, falls Du das denkst, ich habe nicht mit ihr geschlafen...", antwortete Frederick, der Annas Gedanken erriet. „Aber ich habe mit ihr getanzt, bei der letzten Weihnachtsfeier. Wusstest Du, dass Natascha eine Ausbildung im klassischen Ballett hat?" „Als Hure?" „Mensch Anna, schon mal überlegt, dass sie vielleicht nicht als Hure geboren worden ist...? Jedenfalls habe ich mit ihr Tango getanzt und habe gedacht, dass ich noch nie so ein schönes, zerbrechliches Wesen im Arm hatte, sie schien förmlich zu schweben. Ihre Bluse rutschte etwas über die Schulter und ich sah die blaugrüne Schwellung am Oberarm. Kannst Dir sicher vorstellen, dass sie es zuerst nicht zugeben wollte." „Das tut mir so leid, so eine Schweinerei!" „Ich habe sie aber seitdem sehr genau beobachtet und als es mal wieder sehr schlimm war und sie kaum laufen konnte wegen der Hämatome am Oberschenkel, konnte ich das schließlich aus ihr rauspressen. Aber Anna, außer Dir und mir weiß das niemand, bitte rede nicht darüber. Ich weiß auch nicht, warum ich Dir das erzählt habe, aber Du hast so eine Art, irgendwie rede ich gerne mit Dir, obwohl ich Dich kaum kenne... ich habe großes Vertrauen zu Dir." Er schien erleichtert zu sein, ihr diese Geschichte erzählen zu können, das spürte Anna. Sie fühlte sich zu dem jungen Mann hingezogen, er schien das Herz am rechten Fleck zu haben. „Wie ist es dann weitergegangen, als Du das rausgefunden hast? Konntest Du ihr helfen?" „Ich habe dafür gesorgt, dass Geiling in U-Haft sitzt... und nein, Anna", dabei sah Frederick sie ernst an, „das WIE erzähle ich jetzt nicht mehr... Themenwechsel, schöne Frau, was bringt Dich zu uns und vor allem, wie gefällt es Dir inzwischen im Team?" Die Musik wurde etwas lauter, sodass Anna sich näher zu Frederick beugen musste, damit er ihre Worte verstand. Er roch gut, bemerkte sie, das musste das Herrenparfum von „Dolce & Gabbana"sein. Sie lächelte. Frederick war unterhaltsam, sie hatte selten so einen netten und gutaussehenden Mann getroffen, allerdings war er noch sehr jung... zu jung!

„Hast Du schon unser Geschäftsmodell durchschaut?", fragte Frederick Anna scherzhaft: „Das Geschäftsmodell von Drängl & Melkers heißt IMMOPOLI: Bringe viel Eigenkapital mit, sonst bist Du nach sechs Monaten ruiniert. Schlage aus fremdem Eigentum Kapital. Geh' bei „Los" über Leichen. Ziehe eine Karte im Ereignisfeld: Gib Dein Objekt ab an Martina Kurz oder gehe zur Strafe zur Besichtigung in die Mailänder Straße. Ziehe eine weitere Ereigniskarte: Du musst 100 Kunden anrufen, zum Dank darfst Du die neuen Broschüren in ganz Frankfurt alleine austragen."

Anna lachte. "Er ist echt witzig", dachte sie, „und er sieht unverschämt gut aus..." Sie genoss es, sich heute Abend in seiner Gegenwart zu entspannen.

„Hey, das ist mein Lieblingssong!", freute Anna sich. "I'm just a gigolo..." „Möchtest Du tanzen, schöne Frau?" Frederick lachte sie auffordernd an und Anna strahlte. „Für seine 30 Jahre ist er ganz schön selbstbewusst", dachte Anna. Patrick hätte sich das nie getraut, als einziges Pärchen in einer Bar zu tanzen. Er wollte niemals aus dem Rahmen fallen, war immer sehr diszipliniert und darauf bedacht, dass die anderen Menschen gut von ihm dachten. „Du kannst nur einmal Deinen Ruf verlieren", war seine Devise und bremste Anna in ihrem Gefühlsüberschwang oftmals aus. Anna benahm sich dann sofort wieder „unauffällig", wenn sie Patricks strengen Blick sah und kam sich vor wie ein kleines, dummes Kind... Heute Abend wollte sie aber nicht an Patrick denken. Es war eine schlimme Woche für sie gewesen. Sie vermisste ihn sehr. Sie hatte seine Anrufe bis jetzt nicht erwidert... sie wollte ihn vergessen und alles hinter sich lassen... Anna schwebte mit Frederick durch den kleinen Raum. Er drehte und wirbelte sie herum. Seine Führung war so eindeutig, dass Anna wie automatisch exakt die passenden Drehungen ausführte. Ganz souverän drückte, schob und führte er sie und blieb immer im Rhythmus. Was für ein Tänzer! Sie wusste genau, was sie tun musste, es fühlte sich alles so perfekt an, als hätte sie nie etwas anderes getan als mit Frederick Foxtrott mit Einlagen von Quickstepp zu tanzen. Eine richtige Herausforderung in der engen Bar, doch jede Drehung schien mit Augenmaß von ihm geplant zu sein, sodass Anna nicht gegen die anderen Gäste, Barhocker oder die Theke stieß. Sie strahlte ihn an und er belohnte sie mit einer weiteren Drehung. Inzwischen hatte das Musikstück gewechselt und Frederick ging nun zu Discofox über. Herrlich, was für ein unerwartetes Vergnügen, Anna spürte die volle Ladung Endorphine, sie war glücklich. Ja, Tanzen machte glücklich, warum tanzte sie eigentlich nicht jeden Tag? Die Musik wechselte zu etwas Ruhigerem, vielleicht war es den Gästen der Bar mit den beiden Tänzern zu viel geworden, und sie versuchten, die beiden dadurch zu bremsen. "You are so beautiful to me..."(Joe Cocker). Frederick ließ sie nicht los, sondern zog sie fest an sich heran. Anna spürte seinen muskulösen Brustkorb unter dem verschwitzten Hemd. Er drückte sie fest und zärtlich an sich. Das war definitiv zu viel für „nur tanzen", aber es fühlte sich so gut an, dass Anna keine Anstalten machte, sich von ihm zu lösen, sondern sich fester an ihn schmiegte. „Das wird nicht gut enden", dachte sie und das war das letzte Mal an diesem Abend, dass Anna ihrem Verstand zuhörte, denn Frederick beugte seinen Kopf zu ihr herunter und drückte ihr zärtlich einen Kuss auf ihre Lippen, den sie erwiderte, indem sie auffordernd ihren Mund halb öffnete, sodass sie seine warme, dicke Zunge spüren konnte, die tastend die ihre suchte, fand und begehrte. Er begehrte sie, und sie genoss es, das zu spüren, dieses pure Wollen. Seine Hände tasteten sich weiter vor zu ihrem Po und wechselten zwischen Streicheln und einem auffordernden Kneten. Ihre Küsse wurden intensiver. Annas Herz klopfte wie wild. Ihre Hände berührten sanft das fremde Terrain, umfassten den knackigen Po, seine straffen muskulösen Oberarme und sein samtweiches, dichtes Haar. Sie standen noch immer in der Mitte der Bar und als sie es nach viel zu langer Zeit bemerkten, lösten sich die beiden, um nun etwas unsicher und verlegen zu ihren warmgewordenen Cocktails an der Theke zurückzukehren. „Zwei Gin Tonic bitte, mit Hendrick's." Anna setzte sich auf den Barhocker, um wieder etwas zu sich zu kommen. Was passierte hier? „Warum lasse ich das zu", dachte sie verwirrt. Frederick stand jetzt hinter ihr, streichelte ihre Arme und beugte sich zu ihrem Hals. Sie bekam eine Gänsehaut am ganzen Körper, als er zärtlich mit den Lippen ihren Hals berührte, die Haut sanft zog und vorsichtig leckte. Sie spürte seinem Atem, der sanft über ihre Haut blies, schloss die Augen und genoss die Lust, die nun ihrem ganzen Körper durchströmte

Kater Fridolin

„Frido, Mietz, Mietz, Mietz, Frido, wo steckst Du denn?", Angelina lief besorgt im Vorgarten hin und her. Ihr Kater Fridolin war nicht nach Hause gekommen. Der rote Kater streunte zwar öfters nachts durch die Gärten, kam aber regelmäßig um 7.00 Uhr morgens pünktlich nach Hause, weil Angelina ihm dann Frühstück machte. Sie fütterte Fridolin nicht mit Katzenfutter, sondern gab ihm stets ein Schwarzbrot ohne Rinde, dick bestrichen mit Kalbsleberwurst von „Meyers", andere Sorten mochte der verwöhnte Kater auch nicht. Die mundgerechten Häppchen servierte sie ihm dann in ihrem geblümten Ohrensessel. Der rote Kater lag dabei schnurrend auf ihrem Schoß und sie schob ihm die kleinen Stückchen in den Mund, die der Kater langsam und genüsslich verschlang. Danach betrieb Fridolin stets eine ausführliche Fellpflege, als ob er wüsste, dass die Reste der Leberwurst eine intensivere Tönung seines leuchtroten Felles bewirken konnten. Stolze neun Kilo brachte der Kater inzwischen auf die Waage. Trotz Mahnung des Tierarztes, ihn doch etwas auf Diät zu setzen, brachte Angelina es nicht über das Herz, ihm morgens stattdessen mageren Schinken zu servieren. Der Kater war ihr vor vier Jahren zugelaufen und seitdem Angelina und ihren Fütterungsvorlieben treu ergeben. Da er inzwischen zu seinem gewaltigen runden Kopf auch einen üppigen Körper entwickelt hatte, bewegte er sich nicht mehr viel. Seine Streifzüge dehnte er meist nicht weiter aus als zu beiden Nachbargrundstücken, mal nach links, mal nach rechts. Das war abhängig davon, ob er es noch schaffte, den höheren Zaun zur linken hochzuklettern oder mit vollem Magen doch bequemer durch das Loch im Zaun zum rechten Nachbargrundstück schlüpfte. Das Nachbargrundstück zur Linken war jagdlich gesehen wesentlich spannender, da das Haus schon seit längerer Zeit unbewohnt und der Garten verwildert war. Es gab sogar einen versumpften Teich weit hinten im Garten. Gelegentlich verirrten Frösche sich dorthin, die jedoch nicht lange überleben konnten, da es zu den besonderen Jagdeigenschaften von Fridolin gehörte, diesen Tieren aufzulauern und genau im richtigen Moment seine todbringenden Krallen auszufahren und die hochspringenden Frösche aufzuspießen. Wie ein Tennisspieler schlug er mit dem perfekten „Slice" seiner rechten Vorderpfote zu. Im Gegensatz zum Tennisball am Schläger blieb der Frosch an den messerscharfen Krallen hängen. Der zappelnde Frosch musste nicht lange leiden, da Fridolin ihm zuerst schnell den Kopf abbiss, diesen er aber sofort wieder ausspuckte. Er hatte herausgefunden, dass das Fleisch besser schmeckte, wenn der Kopf zuerst vom Rumpf abgetrennt wurde. Der Kater jagte ausschließlich Frösche, Kröten ließ der Feinschmecker verächtlich laufen. Das zarte Fleisch der Frösche erinnerte ihn an die feinen Kalbsschnitzel, die Angelina manchmal für sich briet, aber natürlich ihrem Liebling immer etwas davon abgab. Doch heute war Fridolin nicht zurückgekommen. Er lag auch nicht auf seiner Kamelhaardecke auf dem Sofarand, die seine bevorzugte Lieblingsecke war. Von dort aus konnte der Kater die ganze Wohnung kontrollieren und auch dem Treiben der Vögel in Angelinas Vogelhäuschen zuschauen. Angelina war äußerst besorgt und ging ins Haus, um im Tierheim anzurufen. Vielleicht hatte man den Streuner dort abgegeben? Weder das Tierheim noch Pauline Hartmann, eine Nachbarin, die immer wusste, was in der Gegend gerade passierte, welche Nachbarn Kinder bekamen oder sich scheiden ließen oder eine neue Hecke pflanzten, konnten ihr weiterhelfen. Der Kater blieb verschwunden. Ob ihm vielleicht ein Tierfänger aufgelauert hatte? Letztes Jahr waren einige Katzen aus der Nachbarschaft verschwunden und es wurde vermutet, dass sie entweder zu Tierversuchen missbraucht oder das Opfer von Walter Rohmann wurden. Der 45-jährige, schizophrene Sohn von Renate Rohmann, der unten in dem Zweifamilienhaus in der Broßstraße wohnte, wirkte mit seiner gruseligen, verwahrlosten Erscheinung und dem blutigen Schleim, der ihm oftmals aus den Mundwinkeln hinablief (da er sich bei seinen krampfartigen Anfällen die Zunge zerbiss) sehr gewalttätig. Dabei war Walter völlig harmlos, aber keiner glaubte ihm das.

Unruhig ging Angelina zur Terrasse hinaus und rief erneut ihren Liebling. Da bemerkte sie hinten am Zaun links das rote Fell ihres Katers. „Wem lauert er denn jetzt auf", wunderte sich Angelina und näherte sich langsam. Angelina stieß einen lauten markerschütternden Schrei aus. Das konnte nicht sein, sie traute ihren Augen nicht. Leblos hing Fridolin aufgespießt auf einem 1,5 m hohen Holzpfahl. Die Spitze hatte das Rückgrat des Tieres

durchbohrt. Der schöne Kopf des Katers hing vorn-
übergebeugt mit geöffnetem Maul. Wo kam dieser Spieß
her? Der Zaun zum Nachbargrundstück hatte keine Spitzen. Angelina konnte es nicht fassen. Erst jetzt sah sie,
dass ein Zettel um den leblosen Körper Fridolins gebun-
den worden war: „DU BISTE DRAHN NEXTE
MAHL."

„Das war entweder ein Ausländer oder ein Legasthe-
niker", stellte Kommissar Hannes Schönborn mit seinem
kriminalistischen Scharfsinn souverän fest, als er der
gebrochenen alten Dame gegenüber saß, die in ihrer
Verzweiflung den polizeilichen Notruf gewählt hatte.
Der diensthabende Polizist, Erwin Möller, hatte nicht
genau verstanden, was Angelina weinend ins Telefon
schrie, hörte aber das Wort „Mord" und verständigte die
Kripo K13, die auch sofort einen Einsatzwagen schickte.
Möller rief außerdem vorsorglich noch einen Notarzt an,
welcher der total hysterischen Frau vielleicht etwas sprit-
zen musste. Der Notarzt war schneller am Tatort. Angelina wurde gegen ihren Willen festgebunden und bekam
jede Menge Valium gespritzt. Es hatte eine ganze Weile
gedauert, bis der Notarzt die Geschichte mit der gepfählten Katze verstanden hatte. Da es sich offenbar um ein
Gewaltverbrechen handelte, wollte er den Tatort nicht
verändern und ließ den armen toten Kater unter lautem
Protest der alten Dame hängen, bis Kriminalkommissar
Hannes Schönborn erschien, sich seine Gummihand-
schuhe überzog und das Tier vorsichtig vom Pfahl zog,
wobei es sich nicht verhindern ließ, dass einige der Innereien an letzterem zurückblieben. Das hatte er in seiner
23-jährigen Laufbahn als Kommissar auch noch nicht

gehabt: Einen gepfählten Kater. „Schöner Kerl", dachte er, als er ihn in den schwarzen Müllsack legte und diesen vor der Terrasse ablegte. Den Zettel nahm er mit ins Haus. Angelina saß noch immer regungslos in ihrem geblümten Sessel. Sie sah aus wie eine Wachsfigur, alle Farbe war aus ihrem Gesicht gewichen, das Valium brachte ihren durch den Schock reduzierten Kreislauf fast völlig zum Erliegen. „Haben Sie noch Angehörige oder Freunde?", wollte der besorgte Kommissar wissen, der nicht so ganz wusste, ob er das Interview mit der alten Frau alleine fortsetzen konnte, vielleicht war sie ja dement. Außerdem fürchtete er einen Herzinfarkt, obwohl der Notarzt, bevor er das Haus wieder verließ, ihm versicherte, es sei gesundheitlich nichts zu befürchten. Ihr Herz würde ganz normal schlagen, wie es sich bei alten Leuten eben anhörte, langsam. „Aber bei so alten Leuten weiß man schließlich nie, wann der Zeitpunkt zum Abdanken gekommen ist", dachte Schönborn. Und wie solle er dann im Fall des gepfählten Katers weiterkommen? „Rosalie... Rosalie Owenson, meine Tochter", murmelte die alte Frau mit schwacher Stimme.

„Mutter, Du kannst hier nicht bleiben, das musst Du einsehen. Es gibt so viele Verrückte auf dieser Welt. Im Heim bist Du sicher." Rosalie war äußerst erschüttert, dass es Leute gab, die vor so einem grausamen Verbrechen nicht zurückschreckten und sich an wehrlosen Tieren vergriffen. Sie hatte sich nach dem Anruf von Kommissar Schönborn sofort in ein Taxi gesetzt und ließ sich zu dem Haus ihrer Mutter fahren. Rosalie war viel zu aufgeregt gewesen, um selbst mit ihrem kleinen Opel-Corsa zu fahren. Sie wusste sowieso nicht mehr, wo sie diesen geparkt hatte. Sie war zwar nicht dement, aber die Parksituation in Bornheim war inzwischen so schwierig geworden, dass sie einen einmal gefundenen Parkplatz nicht aufgeben mochte und lieber mit öffentlichen Verkehrsmitteln fuhr. Hauptsächlich brauchte sie das Auto, um mit ihrer Mutter ins Altersheim zu fahren, ihren dementen Onkel Alfredo besuchen. Ihre Mutter weigerte sich nämlich, mit öffentlichen Verkehrsmitteln zu fahren. Da es schon eine Weile her war, vermutlich mehr als zwei Wochen, dass die beiden Onkel Alfredo besucht hatten, hatte sie vergessen, ob sie das Auto in der Freihofstraße, Eulengasse oder auf der Berger Straße abgestellt hatte.

Ein Scherz war es sicher nicht, das hatte ihr auch Kommissar Schönborn versichern können, der den Fall persönlich untersuchen würde. Den toten Kater, den Pfahl mit den Innereien und den Zettel hatte er mitgenommen. Auch wenn es äußerst ungewöhnlich schien, wollte er den toten Kater seinem Kegelfreund Hans Schulz von der Pathologie vorbeibringen, vielleicht konnte der ja Hinweise liefern. Zumindest den Zeitpunkt des Todes bestimmen usw... jedenfalls eine sinnvolle Spur liefern, die ihm helfen konnte, diesen grausamen Tierschänder zu überführen. Natürlich war die Bedrohung durch den Zettel auch ernst zu nehmen. Er hatte zwei Kollegen vom 13. Revier aus Bockenheim bestellt, die heute Nacht rund um die Uhr Streife fahren sollten. Aber wer konnte diese reizende alte Dame bedrohen, sie war überall beliebt und hatte doch keine Feinde? Er konnte sich auf diese Tat keinen Reim machen.

Es war gegen drei Uhr morgens, als Angelina in ihrem Bett aufwachte. Sie war schweißgebadet und spürte starke Schmerzen, doch diesmal war es nicht die kaputte Hüfte. Ihre Brust schmerzte, der linke Arm fühlte sich taub an. Sollte sie ihre Tochter wecken, die im Nebenzimmer schlief? Es tat so weh. Sie hatte das Gefühl, ein Mühlstein läge auf ihrer Brust. Sie konnte kaum Luft bekommen. Sie zitterte am ganzen Körper und Panik stieg in ihr auf. Auf einmal bemerkte sie ein helles Licht an ihrem Bett. Wo kam das nur her? Die Schmerzen hatten aufgehört, der Druck auf der Brust war verschwunden. Jetzt sah sie ihn. Er war gekommen, sie zu holen, das spürte sie. Sie lächelte, es war so schön, ihn wiederzusehen, wie hatte sie ihn vermisst. „Jack, da bist Du ja endlich."

Als Rosalie am nächsten Morgen gegen 9.00 Uhr nach ihrer Mutter schauen wollte, da sie entgegen ihren Gewohnheiten noch nicht auf war, fand sie Angelina leblos in ihrem Bett. „Wenigstens sieht sie friedlich aus", stellte der junge Sanitäter des Rettungsdienstes freundlich fest, als er zusammen mit dem Kollegen den toten Körper auf die Bahre legte und ihn fertig machte zum Abtransport. Er hoffte damit die weinende und schluchzende Rosalie etwas trösten zu können…

Dann fuhren sie los, um die sterblichen Überreste von Angelina zum Bestatter Wiesel in die Kirchstraße zu bringen.

Die Obduktion

Es war schon nach acht Uhr abends, als Hans Schulz die Tür des Kühlfaches aufmachte, um die Katzenleiche zu untersuchen, die er gestern dort hineingelegt hatte. Sein Freund Kommissar Hannes Schönborn hatte ihn um den Gefallen gebeten, die Katze zu untersuchen, um vielleicht Hinweise auf den Täter zu erhalten. Er wusste zwar, dass es gegen die Dienstvorschriften verstoßen würde, eine Katzenleiche in der Pathologie aufzubewahren, aber was sollte ihm schon passieren? Er hatte sowieso nur noch wenige Monate bis zu seiner Pensionierung zu überstehen, und ob er die überhaupt noch erreichen würde, wusste er nicht. Der Arzt hatte ihm lediglich noch einige Monate zu leben prophezeit, da seine Bauchspeicheldrüse angeblich vom Krebs zerfressen war. Eine Folge des zu hohen Alkoholkonsums, eine bekannte „Berufskrankheit" unter Pathologen. Die Monate vergingen und Schulz war immer noch quicklebendig unter seinen Toten, trank furchtlos täglich seine Flasche Wodka und freute sich über jeden Tag, den er noch hatte. „Was für eine dicke Katze", dachte Schulz, „es ist ein Wunder, dass der Kater noch nicht an Herzverfettung gestorben ist." Die Untersuchung ergab, dass der Kater wohl zuerst erwürgt worden war, ihm wurde dabei das

Genick gebrochen. Der Kehlkopf war zerquetscht worden. „Das war sicher ein besserer Tod als der durch Pfählung", dachte der Pathologe. Mithilfe der Blutuntersuchung ermittelte Schulz den Eintritt des Todes zwischen 5 und 6 Uhr morgens. Spuren von Hautfetzen konnte er an den Krallen des Katers finden. Der Kater hatte sich wohl gegen seinen Mörder gewehrt. Es würde ausreichen für eine DNA-Probe. Und noch etwas entdeckte der Pathologe, als er den Magen des Katers aufschnitt, um nach Spuren von Gift zu suchen. Neben dem unverdautem Rumpf eines Frosches ohne Kopf zog er mit der Pipette einen großen blutigen Hautfetzen hervor... das sah doch aus wie eine Fingerkuppe...

Als Hartmann abends von seiner Tante Pauline erfuhr, dass eine alte Frau in ihrer Nachbarschaft bedroht und ihre Katze grausam getötet wurde, witterte er darin eine Chance, einer verängstigten alten Frau das Haus abzujagen und rief sofort seine Top-Verkäuferin Martina Kurz an, damit sie sich darum kümmern sollte. Nach dem Telefonat war Hartmann allerdings etwas verwundert darüber, dass Martina Kurz gar nicht überrascht darüber schien, sondern nur so etwas wie „so schnell hatte ich das nicht erwartet" murmelte und dass sie da schon dran wäre. „Umso besser", dachte er, „bei Martina Kurz ist das Haus in den besten Händen."

Die sieben Todsünden

Aufmerksam saß Anna in dem abgedunkelten Seminarraum. Sie war der Einladung der Immobilienfirma „von Geiss" nachgekommen, einen kostenlosen Einführungsworkshop von Freitag bis Sonntag mitzumachen, um Grundlagen der Verkaufstechnik kennenzulernen und Einblick in die Arbeitsweise dieser Firma zu erhalten. Sie hatte schon einiges von dieser Maklerfirma „von Geiss" gehört und war sehr daran interessiert, Näheres über ein anderes professionelles Unternehmen der Immobilienbranche zu erfahren. Vor allem, da die Vorkommnisse bei Drängl & Melkers sie doch etwas befremdet hatten. Vielleicht lief es ja bei dieser Firma etwas anders? Was Anna natürlich auch lockte war die Tatsache, dass die Makler bei „von Geiss" ganze 20% der Courtage bei einem erfolgreichen Verkauf erhalten würden. „Von Geiss" köderte die Neulinge der Makleranwärter auch damit, ihnen einen „Vorschuss" zu zahlen, den die Makler dann abarbeiten mussten. Da Anna sehr unter Druck stand, ihre Rückstände des Darlehens auszugleichen, kam ihr dieser Aspekt, einen Vorschuss zu bekommen, sehr entgegen. Sie brauchte dringend Geld, wenn sie ihr Haus in Kronberg behalten wollte. Und das wollte sie. Es war das Haus ihrer geliebten Großeltern gewesen.

Außerdem bot ihr der Workshop eine willkommene Ablenkung am Wochenende, denn der furchtbare Streit mit Patrick hatte ihr zugesetzt. Sie liebte ihn, aber sie konnte nicht mit ihm zusammen sein, wenn er sie anlog. Anna hasste Lügen, auch wenn es nur „Notlügen" waren.

Der Firmensitz des Unternehmens „von Geiss" wurde nach dem Kauf im Jahr 2013 in die Villa-Andreae vom Dornbusch nach Königstein verlegt. Die ganze Publicity, die um die ehemalige Schneider-Villa gemacht wurde und das damit verbundene Medienspektakel des Kaufes kamen Lutz von Geiss sehr entgegen. Er nutzte die 1520 Quadratmeter Wohnfläche großenteils als Büro und für Tagungen und natürlich für seine legendären und spektakulären Kundenveranstaltungen. Er selbst bezog mit seiner Frau den Westflügel des Schlösschens in Königstein und hatte dort seine Privatgemächer, was er jedoch dem Finanzamt Bad Homburg verschwieg. Offiziell war alles als Bürofläche deklariert worden.

Die imposante Kulisse des Schlösschens beeindruckte Anna, die durch die spektakuläre Eingangshalle von einem dunkelhäutigen und schwarzgekleideten Mitarbeiter bis zum Seminarraum im entlegenen Ostflügel geführt wurde. Das Interieur des Schlosses war komplett in den Logo-Farben der Firma „von Geiss", „schwarz und blutrot", gehalten. Die schwülstigen Üppigkeit barocker Lüster und Accessoires spiegelten Lutz von Geissens Vorliebe für feudale Eleganz wieder. „Beeindruckend", dachte Anna, „aber auch etwas düster und drückend, und man könnte sich das hier auch gut als Filmkulisse für „Graf Dracula" oder für ausschweifende mittelalterliche Orgien vorstellen." Dass hier tatsächlich Orgien stattfanden, erfuhr Anna erst einige Jahre später, als sie auf einer Party mit einem Richter des Oberlandesgerichts ins Gespräch kam, der immer eine Einladung dieser Firma erhielt, aber unbestechlich war und deshalb nicht hinging, jedoch die Einladung an einen anderen Kollegen weitergab, der dann mit leuchtenden Augen davon berichtete.

Lutz von Geiss, der Geschäftsführer der inhabergeführten Firma „von Geiss", war sehr stolz darauf, den Namen seiner Frau angenommen zu haben, da er meinte, mit einem Adelstitel bei den Kunden nach wie vor auch im 21. Jahrhundert Eindruck schinden zu können. Der angeheiratete Adelsname „von Geiss" ließ sich angeblich bis ins 12. Jahrhundert zu dem nordhessischen Rittergeschlecht „Schenk zu Schweinsberg" zurückverfolgen. Warum allerdings aus „zu Schweinsberg" später ein „von Geiss" wurde, wusste Lutz nicht, da er aber nur die mittlere Reife erlangt hatte und dem Geschichtsunterricht sowieso nie besondere Bedeutung zugemessen hatte, interessierte ihn das auch nicht. Was zählte war allein der Titel und der zog. Mit Mitte Vierzig hatte „von Geiss" sich ein beachtliches Imperium an Shops aufgebaut. Inhabergeführt ging der Profit der Firma ausschließlich an ihn. Der schwarzgekleidete, dunkelhäutige Lutz von Geiss stand nun vor der Gruppe der Teilnehmer und blickte diese an. Er hatte eine verführerische und charismatische Ausstrahlung. Seine pechschwarzen Augen funkelten und er eröffnete den Workshop mit den bedeutsamen Worten:

„Wer ehrlich ist, braucht nicht Makler zu werden!"

Anna dachte, sie hätte sich verhört und notierte sich diesen Satz in ihr Notizbuch, um vielleicht an anderer Stelle nachzufragen. Sie konnte nicht ganz glauben, was sie soeben aus dem Mund des Geschäftsführers gehört hatte. Aber es wurde noch besser. Sämtliche Tricks wurden offengelegt, mit denen man anscheinend an Häuser erfolgreich herankommen konnte. Der Schulungsleiter Georg Kehrwich, ein etwas älterer Mitarbeiter, erzählte mit einer diabolischen Freude nun alle Raffinessen, die er in seiner 25-jährigen Verkaufstätigkeit angewendet hatte, um gutgläubige Eigentümer an der Nase herumzuführen, damit er an ihre Häuser kam.

Zusammen mit dem ausgefuchsten Marketing-Team von Geiss und mit Hilfe eines renommierten Psychologie-Professors der Goethe-Universität (dessen Name hier ausdrücklich nicht genannt werden durfte) wurde unter Berücksichtigung neuester Erkenntnisse im Bereich der Neurokognitiven Psychologie ein absolut todsicheres Akquise-Konzept entwickelt, um die Eigentümer von Häusern, Villen und Wohnungen dazu zu bewegen, den Makleralleinvertrag mit „von Geiss" abzuschließen.

Das System war raffiniert und einfach zugleich. Letztendlich wurden hier die menschlichen Schwächen ausgenutzt, um sich geschickt platzieren zu können. Die Methode zielte darauf, tief ins Unterbewusstsein der Eigentümer vorzudringen. Genau zu erkennen, wie der einzelne Kunde tickt, was ihn antreibt und motiviert und welche Triebe bei ihm vorherrschend sind. Der „von Geiss"-Makler musste das genau herausarbeiten, um dann erbarmungslos zuzuschlagen.

„Todsichere Akquise mit den sieben Todsünden.

Wie Sie mit Hilfe der sieben Todsünden zum Top-Makler „von Geiss" werden.

Eine Präsentation von Georg Kehrwich."

Zur Untermauerung und Gliederung seiner Power-Point-Präsentation, die mittels eines Beamers an die große Leinwand auf der Bühne geworfen wurde, ließ er zusätzlich seine Assistentin Luzia Groß-Nickel mit großen roten Schildern, die mit schwarzen Zahlen beschriftet waren, vor der Gruppe herumlaufen. Die überwiegend männlichen Teilnehmer schauten dabei allerdings weniger auf die Schilder.

Luzia Groß-Nickel war etwa Mitte 20, schlank, hübsch und hatte pechschwarze Haare. Etwas zu stark geschminkt nach Annas Geschmack, mit einem blutroten Lippenstift, Smokey Eyes und künstlichen Wimpern. Ihre langen, spitzen, dunkelrot lackierten Nägel sahen gefährlich aus, wie eine Waffe, und Anna überlegte, ob man damit überhaupt einen Computer benutzen konnte, ohne die Tastatur aufzuschlitzen. Sie trug einen viel zu kurzen und engen Bleistiftrock in Schwarz, dazu knallrote High Heels mit einem 12 cm hohen, mörderisch spitzen Absatz. Unter ihrer blutroten, durchsichtigen Seidenbluse blitze ein schwarzer Spitzen-BH hervor und präsentierte ihre üppigen Kurven (mindestens DD) in einer sehr aufreizenden Weise. Das Firmenlogo, ein schwarzer Ziegenkopf, war auf dem linken BH-Körbchen (oder sollten wir lieber Korb sagen bei DD?!) aufgenäht und darunter stand in blutroter Farbe: „von Geiss".

Strahlend und mit einem eiskalten Lächeln trug Frau Groß-Nickel das 1. Schild über die Bühne, dabei

117

schwang sie ausladend die Hüften und balancierte gekonnt auf ihren blutroten High Heels.

1. Schild: Superbia - die Eitelkeit

Bei dieser „von Geissens" Akquise-Technik ging es darum, dem Eigentümer vorzutäuschen, dass man selbst ein Haus kaufen wollte, ohne sich als Makler zu erkennen zu geben. Aus ihrer Schulung bei Drängl & Melkers wusste Anna, dass das natürlich nicht legal war.

So pirschten sich die „von Geiss"-Maklerjünger an die „unschuldigen" Eigentümer heran, die sich gerade im Garten aufhielten oder mit dem Hund in der Nachbarschaft spazieren gingen, in der Hoffnung, von den gutgläubigen Eigentümern Informationen über einen möglichen Verkauf in der Nachbarschaft zu erhalten. „Glückwunsch, junge Frau, Sie haben so ein schönes Haus. Darum beneide ich Sie aufrichtig. Wie gerne würde ich auch in so einem tollen Haus leben. Kennen Sie nicht etwas in der Nachbarschaft, was zum Verkauf ansteht?"

Wurde man von einem Eigentümer zur „Einwertung" einer Immobilie eingeladen, sollte man ebenfalls die Eitelkeit des Eigentümers ausnutzen und die Immobilie über den grünen Klee loben. Zur Untermauerung brachte Kehrwich Bilder von heruntergekommenen Immobilien und gab Beispiele dafür. Ein „schimmliger Keller" war hervorragend zur Lagerung von Äpfeln und Wein geeignet. Geblümte Tapeten aus den Siebzigern und alte Heizungen waren „voll im Trend". Retro sei angesagt. Der verwilderte Garten war ein „Naturwunder." Der abfallende Putz der Hauswand hatte „italienischen Charme". Möbel, die aussahen, als wären sie bei einer Sperrmüll Aktion zusammengestellt worden, wurden als „zeitlos klassisch" bezeichnet. Natürlich konnten diese beschönigenden Bezeichnungen auch später fürs Exposé verwendet werden um die Käufer anzulocken. Die Teilnehmer, mit Ausnahme von Anna, schrieben alle eifrig mit, obwohl die Präsentation auch als „Handout" am Ende verteilt werden sollte.

2. Schild: Avarita - Die Habgier

Dieser Punkt wurde sehr ausführlich besprochen. Kehrwich meinte, fast 95% der Eigentümer seien davon betroffen, wenn sie sich entschieden hätten, ihr Haus zu verkaufen. Geschürt wurde die Habgier wie folgt: Wurde der „von Geiss"-Makler von einem Eigentümer eingeladen, um eine kostenlose Bewertung der Immobilien vorzunehmen, wurde der Preis extrem hoch angesetzt. Dabei war es nicht wichtig, einen realistischen Preis zu nennen, sondern genau der Fantasiepreis, den der Eigentümer gerne hören wollte, wurde ermittelt, um so alle Makler auszustechen, die eine realistische Einschätzung des Marktpreises abgeben würden. Falls der Eigentümer dann später verkaufen wollte, würde er sicher den Makler anrufen, der ihm den höchsten Verkaufspreis genannt hatte. So jedenfalls lautete die Philosophie bei „von Geiss." Es hörte sich plausibel an, denn die Habgier der Menschen war groß, und natürlich wollte jeder Eigentümer den höchstmöglichen Kaufpreis erzielen. Dass die Kaufinteressenten ihrerseits aber heutzutage mit Hilfe des Internets sehr gut über Vergleichspreise informiert und nicht bereit waren, weit über den „Marktpreis" zu zahlen, ließen die meisten Eigentümer dabei völlig außer Acht. Schließlich mussten die Banken noch ein Wort mitreden, wenn, wie in 95% der Fälle, der Kaufpreis nicht aus Eigenmitteln bestritten werden konnte. Diese Banken finanzierten in der Regel keine „Mondpreise".

Aber für den ersten Schritt der Akquise, das Ausstechen der unbeliebten Konkurrenten, war dieser Trick, das Spiel mit der Habgier des Eigentümers, perfekt. Die Seminarteilnehmer klatschten tosenden Beifall. Nur Anna war skeptisch, da sie doch bereits bei Drängl & Melkers mitbekommen hatte, wie schwierig es war, wenn die Erwartung des Eigentümers durch eine zu „teure" Einwertung nach oben geschraubt wurde. Nicht immer ließ der Eigentümer dann von seinen Preisvorstellungen ab, sondern tauschte den Makler aus, nachdem der Vertrag auslief. Dann hatte man seine Arbeitszeit vergeudet.

Der listige Kehrwich legte noch einen drauf zum Punkt der Habgier:

War ein Haus schon in der Betreuung einer anderen Maklerfirma, wurde den Teilnehmern in dem Workshop empfohlen, dabei vorzugeben, man hätte exakt den passenden Kunden für das Haus. Gerne wurde ein „Investmentbanker" aus London erfunden. Investmentbanker waren voll im Trend bei den Eigentümern und gleichbedeutend mit Bonität. Die Vorstellung, dass ein Kunde die Zweimillionen-Villa aus der „Portokasse" zahlen könnte, beflügelte die raffgierige Phantasie der Eigentümer. Und das nicht erst, seit der Kultfilm „The Wolf of Wallstreet" so bekannt geworden war. Interessanterweise blieben diese ominösen „Investmentbanker" ungebrochen voll im Trend. Das Image dieser sagenumwobenen Branche blieb an ihnen kleben wie ein Karamellbonbon an einer Krone und das, obwohl die Boni zu Weihnachten oft nur noch im sechsstelligen Bereich ausgezahlt wurden und nicht mehr im siebenstelligen. Für „Gucci"- und „Hermès"-Handtaschen, Skifahren in Zermatt, Wellness im Top-Hotel auf den Seychellen oder St. Barts war der

Bonus durchaus ausreichend, aber bei einer Zweimillio-nen-Villa wurde dann doch genau überlegt, ob man die wirklich noch brauchte.

Dass man vom Verkauf „gehört" hätte von einer Nachbarin, die mit einem kleinen Hund spazieren ging... auch diese Nachbarin war erfunden, aber da es in jeder Nachbarschaft Damen gab, die mit kleinen Hunden spazieren gingen, würde das sicher nicht auffallen. Natürlich gab man nicht zu, dass man wusste, dass das Haus bereits von einer anderen Maklerfirma zum Verkauf angeboten wurde. Dem Eigentümer wurde dann dieser erfundene Investmentbanker aus London oder New York so heiß empfohlen, dass dieser voller Gier und speichelleckend meist schnell den Vertrag mit dem anderem Makler aufkündigte, in der Hoffnung auf einem schnellen Verkauf mit den neuen Maklern „von Geiss". Avarita ließ wieder grüßen. Der Kaufberater kam dann mit einem angeblichen Kunden vorbei (derjenige aus dem Team, der am besten Englisch sprechen konnte, spielte dabei den Investmentbanker...), um eine inszenierte Besichtigung vorzutäuschen. Natürlich sprang dann dieser Kunde später wieder ab... aber erst als der Vertrag mit „von Geiss" unter Dach und Fach war. „Versetzung nach Deutschland verzögert"..., „die Ehefrau bekam Vierlinge" oder „der Vater war plötzlich verstorben und die Beerdigung in den USA musste organisiert werden..." Der Fantasie der Kaufberater waren keine Grenzen gesetzt. Alles war dienlich, um den Eigentümer zu vertrösten, um dann wieder Zeit zu gewinnen und die Kunden aus den eigenen Reihen durch das Haus zu schleifen. Anna konnte einfach nicht glauben, was dieser Schulungsleiter, Herr Kehrwich, alles für nette Betrügereien vom Stapel ließ. Das organisierte Verbrechen aus Sizilien war ein Kindergarten dagegen!!! Selbstverständlich gehörten das morgendliche Lesen der Todesanzeigen sowie das „Beschatten" von alten Leuten, die mit dem Rollator klapprig durch das Viertel liefen, auch zum Programm der Akquise der „von Geiss" -Makler. Auf dem Friedhof, bei der Trauerfeier, konnte man dann geschickt seine Visitenkarte an die Hinterbliebenen verteilen, in der Erwartung, dass diese später die Immobilie des Verstorbenen verkaufen wollten. Hier galt es keine Zeit zu verlieren. Man musste der erste Makler am Grab sein. Sollten die zu beschattenden Rollator-Kunden nicht in ein Altersheim rollen, war diese Verfolgungsjagd ebenfalls lukrativ, da so die Häuser und Wohnungen identifiziert werden konnten, die wohl bald auf den Markt kommen würden, sobald diese Kunden entweder verstarben oder in ein Altersheim verfrachtet wurden.

Anna war froh, dass es nach der zweiten „Todsünde" eine kleine Pause gab. Es wurden neben Kaffee auch exklusive Häppchen und Champagner gereicht. Miss Sexy alias Luzia Groß-Nickel sprach Anna verschwörerisch an und sagte ihr, die Frauen, die als Maklerinnen bei „von Geiss" anfingen, bekämen alle eine kostenlose Gesichtsbehandlung und ein Ganzkörper-Waxing im Beauty-Salon auf der Goethestraße. Dazu gab es noch als Startpaket einen schwarzen Push-up-BH von „Victoria's Secret" mit aufgesticktem Logo „von Geiss".

Anna nickte nur und schauderte bei dem Gedanken an das schmerzvolle Intim-Waxing. Sie trank ein Glas Wasser und ging dann nachdenklich den langen Weg durchs Schloss zur Damentoilette.

Diese „Todsünden" kannte sie bisher nur aus dem katholischen Religionsunterricht, den sie über sich ergehen lassen musste, bis sie im Alter von 10 Jahren die heilige Kommunion empfangen hatte. An den unheimlichen Priester ihrer Gemeinde konnte sie sich noch gut erinnern. Der Zeigefinger seiner linken Hand fehlte, warum, das wusste keiner. Die Kinder fühlten sich sehr unbehaglich in seiner Gegenwart. Hatte er mit dem Teufel gekämpft oder nur ungeschickt die Tür des Beichtstuhls zugeschlagen? Er war sehr streng, nie wurde gelacht und die Kinder fürchteten ihn alle, so als ob Gott sie bestrafen würde, sollten sie nicht exakt seinen Anweisung folgen oder beim „Vater unser" ins Stocken geraten. Der Zorn Gottes war diesem Mann ins Gesicht geschrieben das stand für Klein-Anna damals fest. Als sie in Vorbereitung für ihre Kommunion zur ersten Beichte antreten musste konnte Anna eine Woche lang nicht schlafen und hatte furchtbare Bauchschmerzen. Sie fürchtete sich sehr. Sie wollte alles richtig machen, damit nicht der „Zorn Gottes" im dunklen Beichtstuhl auf sie niederkommen würde. Da ihr aber im zarten Alter von zehn Jahren keine passenden und wirklich guten Sünden bewusst waren die sie begangen haben konnte, erfand sie welche. Unter Zuhilfenahme der sieben Todsünden begann Anna sich wundervolle Sünden auszudenken, die sie dann stolz bei ihrer ersten Beichte vortrug. Als Anna erst 15 Minuten später aus dem Beichtstuhl wieder raus kam, war sie erleichtert. Ja, sie hatte es gut gemacht, da war sie sich ganz sicher. Es sollte das erste und letzte Mal sein, dass Anna zur Beichte ging. Ob es einer göttliche Fügung oder ihrer beharrlichen Weigerung zu verdanken war, blieb unklar. Zur Firmung musste sie dann später jedenfalls nicht mehr gehen.

Auf dem Rückweg zum Seminarraum flackerte plötzlich das Licht und dann war es stockdunkel. Stromausfall- und jetzt? Sie tastete sich an den Wänden ganz vorsichtig entlang. Sie fühlte die blutroten Seidentapeten und die holzverzierten Applikationen an den Wänden. Ihre Hände ertasteten nun einen Türgriff. War sie schon weit genug gegangen, um den Seminarraum zu erreichen? Sie wusste es nicht. Anna drückte die Klinke runter, es war immer noch dunkel und still. Das konnte unmöglich der Raum sein, in dem sie und die anderen Teilnehmer der Akquise-Präsentation von Georg Kehrwich gelauscht hatten, außer sie wären alle eines plötzlichen Todes gestorben. Hier herrschte völlige Stille. Es war ihr unheimlich zumute, wie sollte sie nur wieder zurückfinden im Dunkeln? Sie drehte sich hastig um, als das Licht plötzlich wieder anging. Auweia, was war denn das hier? Die Folterkammer für aufsässige Kunden? Sie befand sich wohl in einem S&M-Spielraum. Nichts wie raus, „Shades of Gray", darauf stand sie wirklich nicht. Als sie die Tür hastig hinter sich schloss, konnte sie das in roten Lettern aufgebrachte Schild „Zutritt nur für VIP" lesen. Etwas außer Atem und aufgewühlt kam Anna im Seminarraum an. Dort erfuhr sie, dass Luzia anscheinend aus Versehen mit einem ihrer High Heels ein Kabel so ungeschickt aus der Steckdose gerissen hatte, dass sie damit kurzzeitig einen Stromausfall verursacht hatte.

Nach der Pause schwang die verführerische Luzia wieder ihre perfekten Kurven und steigerte den Aufmerksamkeitslevel der Teilnehmer, als sie das dritte Schild über die Bühne trug:

3. Schild: Luxuria - Wollust, Ausschweifung

Mit Luxuria galt es, ein ganz besonderes „Verkaufsgeschick" spielen zu lassen. Aufwendige Recherchen über den Eigentümer waren hierzu empfehlenswert. Sogar die Einschaltung eines Privatdetektivs konnte dabei hilfreich sein. Die „von Geiss" GmbH hatte einen Sonderrabat mit einer größeren Detektei in Frankfurt ausgehandelt, die das Ausspionieren der Eigentümer zu fairen Preisen ermöglichte. Persönliche Vorlieben sollten herausgekitzelt werden. Am besten schon im Vorfeld, spätestens aber dann beim zweiten Besuch beim Eigentümer, während ihm die Kaufpreiseinschätzung und der Maklervertrag vorgelegt werden sollten. Ob man den Eigentümer mit einem Besuch in einem erotischen Massagesalon oder in dem Frankfurter Stripclub „Golden Gate" köderte, den „von-Geiss" Maklern waren dabei keine Grenzen gesetzt. Waren es Damen, die zum Vertragsabschluss verführt werden sollten, konnte eine private Tanzshow eines ehemaligen Chippendale-Mannes die Herzen der Ladies höher schlagen lassen. Vor allem die „Golden Girls", die Witwen über 70, standen auf die männliche Stripper-Performance, wie Kehrwich grinsend kommentierte. Für besondere Fälle konnte auch der S&M-Raum hier im Schloss zu Verfügung gestellt werden. Anna zuckte bei der Vorstellung zusammen, ihre Eigentümer in diesem Schloss auszupeitschen, nur um einen „Makleralleinauftrag" zu bekommen. Die listige Freude, mit der Kehrwich seine Tricks offenbarte, konnte man am Funkeln in seinen Augen erkennen. Georg Kehrwich blühte auf und seine Erregung steigert sich sichtbar von Todsünde zu Todsünde.

4. Schild: Ira - Zorn, Wut, Rachsucht

Viele der Häuser, die verkauft werden sollten, waren „Scheidungshäuser." Hier galt es jetzt den stärker gekränkten der beiden unglücklichen Eigentümer ausfindig zu machen. Der verlassene oder betrogene Partner eignete sich bestens, um ihn durch Rachegedanken zur Unterschrift des Maklervertrages zu verführen. Der „mitfühlende" „von Geiss"-Makler versprach dann dem wütenden und rachsüchtigen Partner, ihm einen gewissen Teil der Provision in Cash zuzustecken, damit er bei einem Verkauf mehr als sein untreuer Ehepartner bekommen würde. Alle Seminarteilnehmer grinsten und lachten zustimmend, nur Anna fühlte sich unwohl. War das nicht Bestechung?

5. Schild: Gula - Völlerei

Es gab Kunden, die bei echten weißen Trüffel aus Alba im Piemonts schwach wurden. Belgische Pralinen waren beliebt, Dom Pérignon und Gänsestopfleber-Pastete, Beluga-Kaviar oder der Besuch im Sternerestaurant in Langen, eine echte kubanische Zigarre, deren Deckblatt auf dem Bein einer wunderschönen Jungfrau gerollt worden war, oder aber auch Single-Malt-Whisky, sie alle konnten die Herzen der Eigentümer schon mal höher schlagen lassen und den ein oder anderen zur Unterschrift unter dem begehrten Vertrag motivieren.

Es schien, als sollten die Seminarteilnehmer ebenfalls verführt werden, denn nach der Todsünde der Völlerei wurden nun wieder erlesene Häppchen, Champagner und Petits Fours gereicht. Anna traute sich jedoch nicht, etwas zu essen, da sie inzwischen den „von Geiss" Mitarbeitern auch zutraute, K.-o.-Tropfen oder sonstige Drogen unters Essen zu mischen, um vielleicht einen neuen Maklerjünger zu gewinnen.

6. Schild :Indivia - Neid/Missgunst

Das „Draufspringen" auf Objekte, die bereits von anderen Maklern betreut wurden, war auch eine beliebte Methode, um an Häuser heranzukommen. Man machte den Eigentümer glauben, dass für ein vergleichbares Haus in der Nachbarschaft, das durch die „von Geiss" GmbH verkauft worden war, ein weitaus höherer Kaufpreis erzielt worden sei und fragte ihn, ob er denn nicht auch so viel bekommen wollte wie sein Nachbar, und ob es nicht besser wäre, zu den „von Geiss"-Maklern zu wechseln.

Bevor Kehrwich zum siebten und letzten Verführungspunkt in seiner Präsentation kam gab es nun eine kleine Gruppenübung und die Teilnehmer durften jeweils zu dritt im Rollenspiel üben, die „Eigentümer" zu verführen. In Annas Gruppe waren noch zwei junge Männer, die abwechselnd oder beide gleichzeitig auf ihre Brüste starrten und nur blöde Sprüche klopften, sodass sie am liebsten eine Peitsche aus dem S&M-Raum geholt hätte. Sie war froh, als das dämliche Rollenspiel vorbei war und Luzia wieder alle Aufmerksamkeit auf sich, ihre Kurven, das Schild und die Präsentation lenkte.

7. Schild: Acedia - Faulheit,

Selbstverständlich gehörte es zu dem umfassenden Service der Firma „von Geiss" dazu, das Haus für den Verkauf flott zu machen. Der Eigentümer sollte sich bequem zurücklehnen können. Nur seine Unterschrift beim Notar würde er noch leisten müssen, alles andere würde ihm vollumfänglich abgenommen. Die „von Geiss" Makler, die ihren Vorschuss abarbeiten mussten, mähten den Rasen, fegten den Gehsteig, putzten die Fenster, entrümpelten den Dachboden, wuschen die

Vorhänge, schrubbten und wienerten die Fußböden, strichen über schimmelige Wände frische Farbe, sprühten ozonhaltiges Raumspray in die muffig riechenden Räume und machten so das ganze Haus für den Verkauf flott.

Am Ende der Veranstaltung präsentierte Lutz von Geiss seine aktuellen Umsatzzahlen in mehrstelliger Millionenhöhe und die seiner Top-Verkäufer, die weit über 200.000 Euro lagen. Die Teilnehmer jubelten ihm zu, nur Anna wurde schlecht, denn mit dem Song „We are the Champions", der anschließend ertönte, verdunkelte sich der Raum und dichte Nebelschwaden durchzogen das Halbdunkel, das nun mit rötlichen Licht gespenstig erleuchtet wurde. Obwohl es nur Trockeneis war, hatte Anna das ungute Gefühl, den Schwefelgestank der Hölle zu riechen. Blitzartig verließ sie den Raum. Sie wollte auch bei dem für das Abendprogramm vorgesehenen Lauf über glühende Kohlen nicht mehr mitmachen. Sie konnte und wollte ihre Seele nicht verkaufen.

Anna war total erschöpft von diesem Workshop-Tag. Sie würde nicht weiter an den „Schulungen" teilnehmen. „Es wird auch anders gehen, da bin ich mir ganz sicher, ich werde auch ohne diese Lügen und Tricks eine gute und erfolgreiche Maklerin sein", dachte sie bei sich, als sie in ihren roten Mini stieg und durch den dunklen Park des Schlosses in Richtung Kronberg brauste.

Zuhause angekommen sah sie, dass vier neue Nachrichten auf ihrem Anrufbeantworter waren. Der erste Anruf war von ihrem Bankberater, Herrn Will, mit der dringenden Bitte um einen Rückruf, da die rückständigen Annuitätenraten für das Darlehen nun endgültig und sofort bezahlt werden müssten, ansonsten sollte Anna doch überlegen, ihr Haus zu verkaufen. Es sei sowieso zu groß für eine alleinstehende Frau. Über diese Bemerkung von Herrn Will ärgerte sich Anna maßlos. Wieso kam er darauf, dass sie „alleinstehend" war? Nur weil sie das Darlehen allein zahlte? Nun ja, zugegebenermaßen war sie auch gerade alleinstehend, aber Her Will konnte ja unmöglich etwas von dem Streit mit Patrick wissen!

Die zweite Nachricht war von ihren Eltern, die hatten aus Neuseeland angerufen. Seit die beiden im „Ruhestand" waren, bereisten sie die schönsten Flecken der Erde und kamen nur gelegentlich zurück, um nach ihrem Haus zu sehen, die Post zu machen und die nächste Reise zu planen.

„Jetzt verreisen wäre schön", dachte Anna sehnsuchtsvoll. Es würde ihr gut tun, hier mal rauszukommen. Die beiden anderen Anrufe waren von Patrick. Anna löschte sie, ohne sie abzuhören, sie war immer noch zu verletzt, um eine Brücke zu bauen. Sie klappte ihren Laptop auf und begann nach Flügen zu schauen. Sie würde sich ein verlängertes Wochenende gönnen. Es war zwar eigentlich wahnsinnig, jetzt dafür Geld ausgeben, aber das würde nun auch keinen Unterschied mehr machen. Definitiv hatte sie „zu viel Monat übrig für ihr Geld". Das Konto war hoffnungslos überzogen, und sollte sie nicht endlich in den nächsten zwei Wochen einen Abschluss machen, müsste sie wohl oder übel tatsächlich daran denken, ihr Haus in Kronberg zu verkaufen. Sie hatte noch etwa 1500 Euro in bar, zusammengespart für „Notfälle", in einer kleinen Geldkassette hinter ihrer Schuhsammlung im Schrank versteckt. Das war sicher ein „Notfall", dachte Anna und zog die Kassette aus dem Schrank. Mallorca wäre nicht schlecht, manchmal bekam man Flüge schon für 180 Euro und Hotels gab es reichlich. Die Insel kannte sie gut genug, um sich auch alleine zurechtzufinden. Ihr Motiv, die Flucht zu ergreifen, hatte auch mit dem Abend mit Frederick zu tun. Sie hatte ihn seit dem Abend in der Luna Bar nicht mehr gesehen. Er war am nächsten Tag nicht im Büro gewesen und sie hatte von den Kollegen gehört, er wäre zu einem Termin nach München gefahren, aber morgen wieder da, das sagte Lisa zu ihr. Sie wollte dem attraktiven Mann erst mal nicht begegnen. Sie hatte nach dem Kuss in der Luna Bar blitzartig die Flucht ergriffen und einen verdatterten Frederick zurückgelassen. Keine Frage, es war sehr erotisch gewesen, von diesem jungen Galan bezirzt zu werden, aber sie war nicht frei. Ob sie wollte oder nicht, sie liebte Patrick, und konnte sich auf keinen anderen Mann einlassen, das spürte sie tief in ihrem Herzen.

Julian Fernandes räumt auf

Julian Fernandes saß mit dunkler Miene vor seinem Schreibtisch im kleinen schäbigen Büro der Baubehörde in Andratx, in der Avenida da la Curie. Das Rathausgebäude, in welchem sich auch die Baubehörde befand, glich einer mittelalterlichen Festung. Von hohen Mauern umgeben, wirkte es fast wie ein Gefängnis, jedenfalls empfand das Julian so. Er war hier auf der Insel gefangen.

Seit der talentierte Architekt seinen Abschluss an der Universität in Barcelona gemacht hatte, war viel passiert. Nichts Gutes, wie Julian mürrisch feststellte. Vor vier Jahren war er mit seiner bezaubernden Freundin Estefania zum Studium an der School of Architektur ETSAB in das rauschende Barcelona gezogen. Er war voller Erwartungen an das neue Leben und froh, die Insel endlich verlassen zu können. Durch den Ortswechsel entzog er sich auch seiner dominanten und streitsüchtigen Mutter, die an der Beziehung zu seiner Geliebten Estefania ständig rumnörgelte: „Du wirst schon sehen, wohin Dich das führt mit so einer... die kann doch jeden haben, sieht aus wie eine Modepuppe. Hast Du ihre Hände gesehen, mit Nägeln daran, so lang wie die Fußnägel von Großmutter Josefine... putzen wird die sicher nicht. Hörner wird sie

131

Dir aufsetzten, Du Dummkopf. Anstatt deine Cousine Maria Christine zu nehmen, die ist fleißig…"

Es gruselte Julian noch immer, wenn er daran dachte, dass er mit seiner vier Jahre älteren Cousine hätte verkuppelt werden sollen. An Maria Christine war einfach alles abstoßend, die schiefen Zähne und ihre Brüste, die wie zwei verdorrte Pflaumen an dem ausgemergelten Körper hingen. Es war aber vor allem ihr Geruch, den er als über die Maßen ekelerregend empfand, und er vermied es tunlichst, mit ihr in einem Raum zu sein. Julian würde es nie vergessen, wie Maria sich ihm bei der Familienfeier von Onkel Carlos unerwartet an den Hals geworfen hatte und dabei ihre Zunge tief in seinen Mund steckte, sodass er ihren fauligen Atem riechen musste und sofort einen Würgereiz verspürte. Überhaupt, es war ihr Geruch, vor dem er sich ekelte. Damals war er erst zehn Jahre alt gewesen, aber dieses Erlebnis hatte sich bei ihm eingebrannt. Maria Christine arbeitete auf der bewirtschafteten Finca ihrer Eltern in der Nähe von Inca und roch ständig nach Ziegen-, Kuh- oder Schweinemist. Manchmal auch nach allem zusammen. Er fragte sich, wie sehr seine Mutter ihn wohl hassen und verachten musste, um ihm so eine Frau zu wünschen.…

Nach Abschluss des Studiums in Barcelona, das er mit „Prädikat" bestand, hatte er sofort eine der begehrten Anstellungen in dem angesehensten und modernsten Architekturbüro der Stadt bekommen. Seine Estefania fand dort auch eine Stelle. Zwar wurde sie zunächst nur als Assistentin des Stararchitekten Ricardo Gomez eingestellt, aber sicher würde sie bald auch als Architektin dort arbeiten können, das wurde ihr zumindest in Aussicht gestellt.

Doch Julians Glück währte nicht lange. Durch den Einsturz einer Wohnzimmerdecke in einer schicken Villa in Andratx wurde seine Mutter, die dort als Haushälterin arbeitete, so schwer verletzt, dass sie ein Pflegefall wurde. Als einziges Kind seiner verwitweten Mutter blieb ihm keine andere Wahl, als nach Mallorca zurückzukehren. In der Not nahm Julian diesen gerade frei gewordenen, undankbaren Job in der Bauaufsichtsbehörde an. Die Besuche seiner geliebten Estefania wurden immer seltener. Bestimmt lag es auch daran, dass die beiden fast nie mehr alleine und der giftspuckenden, mürrischen und verbitterten Mutter, die im Rollstuhl saß, ausgeliefert waren. Nachts, wenn das junge Paar seinem körperlichen Verlangen nachkommen wollte, schrie und wimmerte die Alte jedes Mal so laut, dass Julian sich widerwillig von seiner Estefania rollen musste, um seiner Mutter Schmerzmittel zu geben, bis diese endlich wieder einschlief.

Die Bauweise der spanischen Häuser und Apartments war nicht mit der in Deutschland zu vergleichen. Die Wände wurden in Holzständerbauweise/Trockenbau errichtet und waren hauchdünn. Gefüllt wurden diese Wände nicht mit „nichtbrennbaren Dämmstoffen", sondern mit allen Abfällen, die am Bau zu finden waren. Kabel, Holzstücke, Bauschutt, leere Brötchentüten, Bierflaschen, egal, Hauptsache der Zwischenraum wurde gefüllt.

Jedes Wort, Räuspern und Schnarchen, ja sogar das gleichmäßige Atmen eines gesunden Menschen konnte man im Nebenzimmer hören. Man musste kein „Bruce Lee" sein, um mit einem kräftigen Faustschlag durch die Wand zu brechen. Vielleicht wäre es auch besser gewesen, Julian hätte seiner angestauten Wut damals Luft verschafft und mit dem Schlag durch die Wand die Möglichkeit gehabt, die Kehle seiner wimmernden Mutter zu fassen und zuzudrücken. Zumindest aber hätte er sie kräftig schütteln können, um ihr zu sagen, dass auch er, Julian Fernandes, ein Recht habe „auf ein Leben vor dem Tod." Aber natürlich tat er es nicht und so nahmen die Dinge ihren Lauf.

Die räumliche Trennung tat dem jungen Paar nicht gut und die Beziehung zerbrach schließlich. Die schöne Estefania erlag bald darauf den Avancen des renommierten Stararchitekten Ricardo Gomez, der sein fortgeschrittenes Alter von 58 Jahren mit Hilfe eines schicken selbstumgebauten Penthouses mit Jacuzzi, eines schwarzen Maserati und Unmengen von Haarimplantaten, Viagra und jeder Menge Koks und Champagner kompensierte. Julian blieb mit gebrochenem Herzen und seiner giftsprühenden und nun auch noch über seinen Schmerz triumphierenden Mutter zurück. Aus dem einst hoffnungsfrohen, gutzusehenden Mann war im zarten Alter von 28 Jahren nun ein verbitterter, gebrochener Mann mit Tränensäcken und bleichen Wangen geworden. Die glühende Leidenschaft des jungen Mannes für die körperlichen Reize seiner Estefania und seinen Traumberuf hatten sich in blanken Hass verwandelt.

Vor ihm lag ein älterer Bauantrag. Er war noch unbearbeitet. Musste wohl sein Vorgänger übersehen haben. Außerdem fehlten einige Unterlagen. Das Haus, oder besser gesagt die Villa, mit 5 Schlafzimmern, Pool und allen Schikanen stand schon seit mehreren Jahren auf dem Hügel von Cala Llamp. Das war gängige Praxis auf Mallorca, zuerst zu bauen, um nachträglich genehmigen zu lassen. Die Bauanträge blieben dann bei den Behörden so lange liegen, bis die völlig entnervten Bauherren bereit waren, jede Menge Schmiergeld zu zahlen. Ohne eine genaue Prüfung auf Eignung und ökologische Verträglichkeit vorzunehmen wurde neues Bauland ausgewiesen. Die Gemeinden verdienten sich damit eine goldene Nase und verkauften Grundstücke an reiche Promis. Gnadenlos betrieben sie Raubbau an der schönen Küste der Insel. Gerade Cala Llamp wurde nahezu vollbetoniert. Die Häuser der Reichen und Schönen klebten an den steilen Felsen wie Schwalbennester, nur größer und mit Pool. Die steile Lage machte nach wie vor einen Anschluss an das örtliche Abwassersystem unmöglich. Fast auf jedem Grundstück sammelten sich die prominenten Fäkalien in Sickergruben oder Behältern, die dann in den Sommermonaten oftmals zu riechen begannen. Für Julians Vorgänger, Carlos de la Roca, waren es damals goldene Zeiten gewesen. Als er den dritten mannshohen Safe, den er hinter seinen schimmligen Weinfässern im Keller versteckte, nicht mehr schließen konnte, beschloss er, sich im Alter von 59 Jahren zur Ruhe zu setzen, verließ seine Frau und zog mit zwei blondgefärbten Callgirls nach Palma in ein barbezahltes Penthouse mit Blick auf den Hafen.

In der Hoffnung, der junge Julian würde in die Fußstapfen seines korrupten Vorgängers treten, hatte sich der Bürgermeister für ihn eingesetzt, damit er den Posten bekam. Selbstverständlich hatte auch der Bürgermeister von Andratx einen Safe im Keller hinter dem Regal mit selbstgepresstem Olivenöl von seiner Sommerfinca in Inca. Jetzt musste er zu seinem Bedauern erkennen, dass ihm durch den jungen Mann starker Gegenwind ins Gesicht blies.

Julian schnaubte verächtlich, als er den deutschen Namen der Eigentümerin der Villa las. Was er wollte, war kein Schmiergeld, nein, er wollte Gerechtigkeit und vor allem Rache, egal an wem. Die Wut musste raus. Jeder, der sich ihm in den Weg stellte, würde leiden, sie sollten alle bluten. „Rums", der Stempel sauste mit voller Wucht auf den Antrag: „Rechazado", „abgelehnt", stand nun in leuchtenden Farben darauf. Er würde es ihnen allen noch zeigen. Er würde kämpfen wie Zorro oder Russel Crowe in „Gladiator." Er würde hier aufräumen und sich einen Namen machen. Dafür würde er, Julian Fernandes, schon sorgen.

Die Flucht nach Mallorca

Patrick war stinksauer. Was bildete sich Anna eigentlich ein? Wieso konnte sie ihn nicht in Ruhe lassen? Es könnte alles so einfach sein. Er liebte sie. Er hatte noch nie für eine Frau so viel empfunden wie für Anna. Patrick lebte mit ihr zusammen und alles war doch bestens. Immer wieder musste sie Probleme machen, wo doch keine waren und ihn vor allem so in die Enge treiben. Sie behandelte ihn wie einen dummen Schuljungen, der „Rede und Antwort" stehen sollte. Das konnte sie vielleicht mit einem Hanswurst machen, aber er, ein richtiger Mann, ließ sich von ihr nicht so schulmeistern. Dabei hatte er doch gar nichts Schlimmes getan. Rolf hatte angerufen, ob er mit zum Essen kommen wollte. Seine neueste heiße Flamme, ein 22-jähriges Dessous-Model aus Holland, war gerade frisch eingetroffen, und er würde sie gerne dem Freund vorführen. Anna war ja nicht da, sie war auf der Schulung von Drängle & Melkers gewesen, aber so zu dritt Essen gehen wäre auch blöd, dachte Patrick. Er könnte ihm auch eines der Mädels aus seinem Stamm-Stripclub, dem „Golden Gate", als Begleitung besorgen, schlug der findige Rolf vor. Das sei aber nicht nötig, wehrte Patrick entschieden ab, er würde sich selbst um einen Ersatz kümmern. Patrick rief daraufhin eine alte

Arbeitskollegin an, die auch spontan zusagte, weil sie den smarten Berater von damals sehr gut in Erinnerung hatte, da er schon immer in ihr Beuteschema passte, sie ihn aber bisher noch nicht in ihr Bett bekommen konnte und jetzt eine gute Gelegenheit darin sah, ihr Langzeitsingledasein zu beenden. Aber natürlich wusste davon der ahnungslose Patrick nichts, weder damals noch heute. Er war nur erleichtert, dass er so schnell Ersatz für Anna gefunden hatte.

Er kam kurz nach Mitternacht nach Hause. „Es wäre vielleicht doch besser gewesen, den Abend im Kino zu verbringen", dachte er noch bei sich, als er zurück kam. Das Abendessen war unspektakulär verlaufen, die Holländerin war zwar hübsch, aber nicht unterhaltsam, und seine Arbeitskollegin trug auch nicht viel zu der schleppenden Konversation bei, da sie doch einigermaßen geschockt war über Rolf, der stotterte und in seiner proletenhaften Manier über den Tisch bellte, die Bouillabaisse auf seinem wildgemusterten Hemd verteilte und der Kollegin ein Rotweinglas in den Schoss kippte, als er unkontrolliert und übertrieben mit seiner Hand gestikulierte. Als Patrick dann abends spät nach Hause kam, sah er, dass Anna angerufen hatte, war aber nicht in der Stimmung, sie noch so spät zurückzurufen. Er rief sie am nächsten Morgen an, und da er keine Lust hatte auf eine langwierige Auseinandersetzung mit ihr, gab er vor, im Kino gewesen zu sein. Er konnte ja nicht wissen, dass Anna, als sie von der Schulung zurückkam, in seiner Schublade nach „Beweismaterial" suchen würde und auch fand. Natürlich hatte er die teure Rechnung aufbewahrt für die Steuer! Ein gefundenes Fressen für Anna, die Drama-Queen, die sich auch sofort auf ihn stürzte.

Sie war so wütend geworden. Er hatte sie selten so außer sich erlebt. Es war doch nur eine kleine „Notlüge" gewesen, und schließlich hatte er doch gar nichts Spektakuläres gemacht. Er war nur Essen gewesen. Als er mit dem Golfbag verschwand, dachte er nicht, dass es ihr wirklich ernst war, aber die ausgetauschten Schlösser waren eine klare Ansage. Sie hatte Fakten geschaffen, sodass er sich erst mal ein Zimmer im Marriott buchen musste. Er hoffte auf eine baldige Aussöhnung mit der wütenden Freundin, da ihm der Hotelaufenthalt sonst sehr teuer zu stehen käme. Aber das war natürlich nicht der wahre Grund, denn schließlich liebte er seine Anna, auch wenn sie ihm ab und zu wie ein unkontrolliertes Feuerwerk vorkam, aber ihre emotionalen Ausschläge gingen schließlich in beide Richtungen. Das Leben mit ihr war aufregend und schön. Er würde sie morgen anrufen, schließlich sah er auch tief in seinem Innersten ein, dass es nicht in Ordnung gewesen war, sie angelogen zu haben. Aber es war ja schließlich nur eine ganz kleine „Notlüge" gewesen.

Als Anna nach drei Tagen seine Anrufe noch immer nicht beantwortet hatte und auch nicht auf seine SMS mit „Bitte lass uns reden" und zum Schluss sogar „Tut mir leid" reagierte, bekam er Angst. Wollte sie ihn wirklich für immer verlassen? Eine kleine Auszeit tat sicher gut, aber er dachte nicht daran, dass es vorbei sein könnte. Sie beide waren doch füreinander bestimmt. Sie gehörte zu ihm, das war doch klar, warum war sie jetzt stur wie ein Esel? Sie wollten sich doch zusammen etwas aufbauen, er hatte sogar daran gedacht, mit ihr nach Mallorca zu gehen, um dort mit ihr zu leben. Seine Arbeit war nicht an einen Ort geknüpft und Flüge gab es aus

Palma nach Frankfurt reichlich. Warum also im kalten Deutschland sitzen, wenn man auch in Mallorca leben konnte. Er hatte schon mit Drängl & Melkers auf Mallorca Kontakt aufgenommen, und wenn er etwas Schönes für sie beide finden würde... vielleicht ließ sie sich ja erweichen. Sicher wäre das doch schön, ein neues Haus zusammen einzurichten und Anna war abenteuerlustig, sie würde sicher mitgehen... wenn sie ihn noch liebte...

„Eine außerordentlich repräsentative Villa und ein wirkliches Schnäppchen. Der Eigentümer muss schnell verkaufen, sonst würden Sie das Doppelte dafür zahlen müssen", flötete die Dame von Drängl & Melkers aus Andratx ihm durchs Telefon ins Ohr. Als Betriebswirt war Patrick sehr an guten Gelegenheiten interessiert, fand jedoch die Bezeichnung „Schnäppchen" für die 1,5 Millionen Euro teure Villa etwas übertrieben, aber auf dem Exposé sah dieses Haus wirklich sehr schön aus. Riesige Fensterfronten und über 3,5m hohe Decken und diese einmalige Lage direkt oben an den Klippen in der Nähe von Andratx, das war natürlich super. Patrick entschied sich, spontan nach „Malle" zu fliegen, zwar hatte er Anna nicht erreicht und war stark verunsichert, aber er wollte sich auch etwas ablenken und ob er in Frankfurt oder auf Mallorca Hotelkosten zahlte, war schließlich egal. Er suchte sich die drei schönsten Häuser aus und vereinbarte für den nächsten Tag Besichtigungen. Das Angebot an Häusern erschien gigantisch, die Preise waren allerdings trotz Bankenkrise ungebrochen hoch, so als sei Mallorca vom übrigen Festland ausgenommen, nach wie vor war der Markt stabil geblieben, trotz des Überangebots an Häusern und nur wenigen Käufern.

Die Abbruchstelle schien frisch zu sein, der Fels hatte eine hellere Farbe als am Nachbargrundstück. „Nein, Sie brauchen sich keine Gedanken zu machen", meinte Petra Dorn, Kaufberaterin von Drängl & Melkers in Andratx, als sie die besorgten Blicke von Patrick bemerkte, der das Grundstück der Villa inspizierte, nachdem er die großzügigen Räume angeschaut hatte, „wir haben ein Gutachten vorliegen, dass keine Gefahr besteht, dass das Grundstück völlig abbrechen könnte, alles bombenfest!" Patrick gefiel das Haus unglaublich gut. Es war vielleicht mit seinen 5 Schlafzimmern etwas groß für Anna und ihn, aber schließlich würden sie sicherlich auch viel Besuch bekommen. Die Licht-Szenarien in diesen riesigen Räumen waren einmalig. Das Dach war geschwungen und sollte dem Flügelschlag einer Möwe nachempfunden sein. Der Überlauf-Pool an der unteren Terrasse mit Blick aufs Meer war großzügig und fügte sich harmonisch ein. Es war das schönste Haus, das er seit langer Zeit gesehen hatte und bestätigte im Gegensatz zu den anderen Häusern auch das, was das Exposé versprach. „Wie viel Spielraum sehen Sie denn bei diesem Preis?" „Nicht mehr viel, da der Eigentümer schon weit unter dem Preis anbietet, aber wenn Sie mir ein Gebot abgeben und zwar schriftlich, werde ich versuchen, mit dem Eigentümer zu verhandeln. Und wie ich Ihnen gesagt habe, es ist Eile geboten, da er dringend das Geld benötigt, ansonsten geht das Haus an die Bank und ist erst mal weg." Das Haus war genau das, wovon er immer geträumt hatte und der Preis zwar immer noch teuer, aber für diese Lage sicher gerechtfertigt und er würde sicherlich noch etwas handeln können, vor allem, da der Eigentümer verkaufen musste. Seltsam, dass Frau Dorn das auch noch so betont hatte. Patrick beschloss mit seiner Bank zu telefonieren und natürlich auch noch mit Anna. Ihr würde das Haus gefallen, da war er sich ganz sicher. Patrick fuhr mit dem Mietwagen direkt nach Portals Nous, um sich bei einem Drink von seinen Häuserbesichtigungen zu erholen. Der Hafen war immer die erste Anlaufstation von ihm und Anna gewesen, wenn sie auf der Insel gelandet waren. Die beiden hatten hier auf Mallorca schon oft traumhafte Urlaubstage verbracht. Patrick schlürfte gedankenverloren an seinem Aperol Spritz. Von seinem Platz aus, in dem „Cappuccino"-Restaurant unten am Hafen, konnte er direkt die teuren Yachten bewundern, die am Steg lagen. Er genoss die warmen Sonnenstrahlen auf seinem Gesicht. Wie schön es hier war, er musste unbedingt Anna erreichen, warum ließ sie ihn nur so zappeln?

Hatte er jetzt schon Halluzinationen, dachte Patrick erschrocken und verschluckte sich an seinem Aperol Spritz, die Frau mit dem Strohhut vorne am Eingang sah aus wie seine geliebte Anna. Das war absurd, so viel hatte er noch nicht getrunken. Doch sie war es, sein Herz klopfte wie wild. Langsam stand er auf und ging auf sie zu.

Die Versöhnung

Anna genoss die wohlige Wärme in der Sonne, als sie ihren Cappuccino schlürfte. „Wie schön warm es doch hier schon ist, wie wunderbar wäre es, hier zu leben und den vielen grauen Regentagen in Deutschland zu entkommen", dachte sie bei sich. Das „Cappuccino" in Portals war einer der Lieblingsplätze von Patrick und ihr gewesen. Hier konnte man es aushalten, die Qualität war super und die Lage direkt mit Blick auf die schönen Yachten spektakulär. Ob es noch zu früh war, um einen Aperol Spritz zu bestellen, überlegte Anna… es war schon 12.00 Uhr und schließlich war sie ja im Urlaub. Ihr Hotelzimmer im Lindner war erst um 14.00 Uhr frei, sodass sie mit ihrem kleinen Koffer direkt hierher gefahren war. Da hörte sie ihren Namen: „Anna!"

Sie erstarrte, das konnte doch nicht möglich sein, wie kam Patrick hierher? Völlig verblüfft und sprachlos sah sie in Patricks wunderschöne, hellgrüne, sanfte Augen. „Kann ich mich zu Dir setzten?", fragte er sie. Und da sie nicht antwortete, sondern ihn nur verblüfft anschaute, setzte er sich zu ihr, nahm ihre Hand und küsste die immer noch verblüffte Anna direkt auf dem Mund. Mit dieser Offensive hatte sie nicht gerechnet, und ihr Herz schlug wie wild. Wie hatte sie ihn vermisst, ihren hübschen Patrick mit diesen samtweichen Lippen. Sie schlang die Arme um ihn und erwiderte seinen Kuss, lang und innig. „Mein Kleines… Du hast mir so sehr gefehlt, ich liebe Dich doch", flüsterte er ihr zärtlich ins Ohr, als sie sich langsam aus der Umarmung lösten.

Anna, die Drama-Queen, war völlig entwaffnet durch seinen liebevollen Charme und konnte ihm einfach nicht mehr böse sein. Nach vielen Erklärungen entschied sie sich dazu, seine Entschuldigung anzunehmen und ihm zu verzeihen. Schließlich war zwischen ihm und der ehemaligen Arbeitskollegin auch nichts gelaufen.

Zwei Aperol Spritz später beschlossen die beiden zu Patrick ins Hotel zu gehen. Er hatte eine Suite im Madavall-Resort-Hotel gebucht, und sie beschlossen zuerst dorthin zu gehen, um sich ausgiebig zu versöhnen…

Eine Stornierung des Lindner-Hotels war nicht mehr möglich, aber das störte die beiden nicht wirklich, hatten sie sich doch nun endlich wieder. War es wirklich erst eine Woche her, dass sie ihm die Koffer vor die Tür stellte…? Abends lud Patrick Anna ins „Tristan" nach Portals ein. Er hatte noch einen Tisch bekommen können, da er Marco, den Oberkellner, recht gut kannte und Marco sich auch an Patrick oder zumindest an sein großzügiges Trinkgeld erinnern konnte. „Was hältst Du davon, wenn wir beide hierher ziehen?", fragte Patrick, als sie mit einem Glas Champagner anstießen. „Hört sich ja gut an, aber wie soll das denn gehen?", fragte Anna, die zwar die Idee grundsätzlich gut fand, sich aber nicht vorstellen konnte, sie umzusetzen. Was würde mit ihrem Haus passieren? An schlampige Amis vermieten oder verkaufen? Allerdings würde sie damit dann ihre finanziellen Probleme mit dem Darlehen elegant lösen können.

„Meine Süße, Du weißt doch, vom letzten Deal habe ich noch eine Menge Geld nicht investiert. Ich kaufe uns ein Haus und verlege meinen Firmensitz nach Malle und Du schaust, ob Du hier bei Drängl & Melkers einen Job finden kannst. Ich habe schon mit einer netten Maklerin Kontakt aufgenommen." „Wie nett?", fragte Anna skeptisch und merkte einen Anflug von Eifersucht in sich aufsteigen, „ist sie hübsch?" „Ja", sagte Patrick schmunzelnd, „wenn man auf Hungerhaken steht..." Anna kicherte beruhigt. Patrick hatte doch extrem viel übrig für ihre weiblichen Rundungen. Ihr Body-Mass-Index war von 18 sprunghaft um 23% angestiegen, seitdem sie mit Patrick zusammen war. „Das ist eben der Preis, den man zahlt, wenn man in einer schönen Beziehung ist", so erklärte es jedenfalls ihre Freundin Karin, nicht ohne einen gewissen zynischen Unterton, da sie alleine und gertenschlank war, wenn die Freundin darüber klagte, dass die Hosen zu eng wurden und Anna befürchtete, zu einem Rubens-Modell zu mutieren.

„Ich habe heute Vormittag ein echt schönes Haus angesehen, das sogar Dir gefallen könnte. Warte, ich zeige Dir ein paar Bilder." Er zückte sein iPhone und zeigte ihr einige Bilder, die er bei der Besichtigung mit Frau Dorn in der Frühe gemacht hatte. „Haus ist gut", meinte Anna, die die Fotos der prachtvollen Villa bestaunte, „glaubst du nicht, dass diese Villa mit fast 500 qm Wohnfläche vielleicht ein bisschen groß für uns ist? Was soll die denn kosten, sicherlich ein Vermögen, oder?" „Ach Kleines, Du weißt doch, dass ich ein „Business-Man" bin. Das Haus ist wirklich ein Schnäppchen, aber lass es uns doch erst mal zusammen ansehen, wenn Du magst. Es muss ja schließlich meiner Prinzessin gefallen, bevor ich es kaufen kann." Anna freute sich, das wäre doch echt spannend, ein Neuanfang auf den Balearen, wie romantisch! Patrick schickte Petra Dorn von Drängl & Melkers eine SMS und die Maklerin antwortete auch gleich und bestätigte den Termin für den nächsten Tag um 10.00 Uhr vor der Villa in Cala Llamp.

In Schutt und Asche

Als Patrick und Anna am nächsten Morgen mit seinem gemietetem 6er Cabrio zur Villa nach Cala Llamp fuhren, bemerkte Anna einen unangenehmen Geruch. „Hier riecht es ja komisch, so nach Kläranlage". „Stimmt, manchmal riecht es hier so merkwürdig, das war mir auch aufgefallen, liegt daran, dass die hier auf dem Steilhang kein Abwassersystem haben, sondern nur Sickergruben, und je nach Wetterlage riecht es hier ein bisschen, das erklärte mir jedenfalls Frau Dorn, als wir gestern hier waren." „Das ist ja wohl der Gipfel, da sitzen hier die Schönen und Reichen in ihrer eigenen Scheiße, ich weiß nicht, ob ich das möchte", entgegnete Anna entsetzt. „Süße, jetzt warte doch mal ab, Du wirst sehen, die Villa ist ganz am Berg da oben, da geht immer eine schöne Brise, und es hat wirklich nicht gerochen, ich bin ganz lange da gewesen, glaub mir."

Oben angekommen roch es wirklich nicht, es wehte eine sanfte Brise, aber es war lauter Maschinenlärm zu hören und eine erbleichte dürre Petra Dorn mit ihrem Fiat Punto stand zähneklappernd vor dem Haus. Ein großes Schild hing an dem Tor. „Betreten verboten", stand da auf Spanisch. Das Tor war mit einem großen ABUS-Vorhängeschloss und dicken Ketten verschlossen, auch an der Haustür hing ein Schild, und entlang des Grundstückes waren Absperrgitter und rot-weiße Plastikbänder angebracht worden. „Sieht fast aus wie eine Tatort-Szene", dachte Anna bei sich. „Was wird denn hier gebaut?", fragte Anna erstaunt. „Das war gestern noch nicht da", bemerkte Patrick und sah Frau Dorn streng an. „Was ist denn los?" „Keine Ahnung…", stammelte Frau Dorn, die Farbe war aus ihrem braungebrannten Gesicht gewichen. Sie hatte ja schon viel erlebt in ihrer Zeit bei Drängl & Melkers, aber dass ein Haus plötzlich abgesperrt war, ohne dass sie darüber informiert worden war, war noch nicht vorgekommen. Sie ahnte nun, dass der plötzliche schnelle Verkauf wohl nicht mit der Bank zusammenhing, sondern andere Ursachen haben könnte.

„Können wir trotzdem reingehen?", fragte Anna enttäuscht, die sich auf die Besichtigung schon gefreut hatte. „Versuchen wir doch hier über den Zaun zu steigen, und vielleicht können wir ja über die Terrassentür hineinkommen, tut mir wirklich leid, ich weiß auch nicht was das soll."

Die drei kletterten wie Einbrecher über den Zaun und gelangten durch den großen Vorgarten, der mit Bougainvillea, Oleander und schönen Palmen sehr einladend und gepflegt wirkte und gingen zur Terrassenseite des Hauses. Bis zur Terrassentür kamen sie aber nicht, der Anblick, der sich ihnen bot, war grotesk und die drei starrten hinüber.

Anstatt des großen Aufsitzrasenmähers, der vielleicht die Ursache für den Lärm hätte sein können, sahen die drei einen vor Wut laut kreischenden und schnaubenden Mann auf einem gigantischen Abrissbagger, der von der anderen Seite des Grundstücks unerbittlich, wie ein riesiges Monster, auf das Haus zurollte. Nur wenige Meter vor dem Haus blieb das Fahrzeug ruckartig stehen. Gebannt und voller Spannung starrten die drei zu dem Bagger hinüber. Wie in Zeitlupe wurde die gewaltige Betonbirne nun hochgezogen, ganz hoch, jetzt drehte sich der Bagger und holte aus... Mit einem gewaltigen Krachen und Donnern sauste die Birne auf das Dach des Elternschlafzimmers mit Designer En-Suite-Bad hinab. Es war ein ohrenbetäubender Lärm, Glas splitterte, die Ziegel des Daches barsten, das teure Designerbett (ein Polsterbett der Marke Schramm aus Deutschland) brach unter der Last der Steine zusammen und hüllte alles in eine gespenstige Staubwolke. Da sauste die Birne schon zum zweiten Mal erbarmungslos auf ihr Opfer nieder. Diesmal traf es den Balkon des Gästezimmers, der, erschüttert von der Wucht des Aufpralls, in den Infinity Pool stürzte und sofort eine tsunamihafte Welle auslöste, sodass Patrick, Anna und Petra Dorn, die auf der anderen Seite des Pools standen, panisch davon liefen.

„Porcina Filth, hijo de puta, fulana", schrie nun Julian Fernandes, sein wutverzerrtes Gesicht ließ ihn völlig entstellt wirken, und außer sich vor Zorn ließ er abermals die Birne wieder und wieder unbarmherzig auf das Haus sausen. Der junge „Don Quijote aus Mallorca" kämpfte verzweifelt und verbittert mit seiner stahlverschraubten Rosinante gegen die Korruption. Ja, er würde das Haus in Schutt und Asche legen, diese Verbrecher würden schon sehen, mit ihm könne man das nicht machen. Er, Julian Fernandes, würde jetzt aufräumen und ein für alle Mal Schluss machen mit diesen korrupten Baugeschäften.

„Wie können Sie es wagen, mir so ein Haus überhaupt anzubieten?", schnauzte Patrick Petra Dorn an. Patrick war stinksauer und sehr enttäuscht, denn er hatte sich schon ausgemalt, wie schön es wäre, hier oben mit seiner Anna zu leben, gemeinsam aufzuwachen und vom Schlafzimmer direkt auf die Weite des Meeres zu schauen. „Es tut mir so leid", schluchzte Petra Dorn mit tränenerstickter Stimme. „Ich habe davon ehrlich nichts gewusst, Herr Müller, unser Shop-Leiter aus Andratx, hat uns nur gesagt, dass der Vertrag bald auslaufen wird und dass der Eigentümer schnellstens verkaufen muss. Dass es abgerissen werden sollte, wusste ich wirklich nicht. Leider kommt es hier auf Mallorca ab und zu vor, dass Häuser ohne Baugenehmigungen gebaut werden, und bis vor kurzen war das auch kein größeres Problem, denn bestechlich sind auf der Insel fast alle." „Haben Sie denn nicht die Unterlagen vorher geprüft?", wollte Anna nun wissen, und obwohl sie Mitleid empfand mit ihrer Kollegin, ärgerte sie sich sehr über diese absurde Situation. Das warf ein schlechtes Licht auf die Firma, auch wenn dieser Shop im Ausland war, die Marke war ja die Gleiche und sollte den Kunden doch einen gewissen Standard und Qualität versprechen. Sie hatte auf ihrer siebentägigen Schulung gelernt, dass man zuerst alle Unterlagen des Hauses zusammenstellen und prüfen sollte, ehe es angeboten werden sollte. Dazu gehörte es natürlich auch, das Grundbuch anzuschauen und die Bauakte zu studieren. „Dazu war keine Zeit, wir haben es sehr kurz ins Angebot bekommen und auf den ersten Anschein sah die Bauakte auch okay aus." „Okay... okay?!", äffte Patrick sie nach. "Was wäre denn gewesen, wenn wir beide gestern zum Notar gegangen wären... dann hätte das

„okay" aber nichts genutzt, dann hätte ich heute nur ein Grundstück mit Bauschutt!" Patrick ärgerte sich maßlos über den offensichtlichen Betrugsversuch, der hier lief. Der schnelle Verkauf machte deutlich, dass es sich hier um einen Eigentümer handelte, der wohl wusste, dass ihm ein Abriss drohen würde und mit allen Mitteln versuchte, seine wertlose Immobilie an den Mann zu bringen.

Etwas später saßen die beiden wieder im „Cappuccino" in Portals und tranken, obwohl es erst 11.00 Uhr war, einen Gin Tonic mit Hendrick's. Die Stimmung der beiden war merklich gedrückt. Als sie ausgetrunken hatten, schlug Anna vor, einen Spaziergang im Hafen zu machen. Sie schlenderten auf den Stegen entlang und betrachteten die schönen Schiffe. Hier lagen einige Segelboote, aber der Großteil der Schiffe im Hafen bestand aus schicken Motoryachten in allen Größen und Formen. Seit die beiden im vergangenen Jahr auf einem 45 Fuß langen Segelboot in Kroatien, im Gebiet der Kornaten, gesegelt waren, konnten sie sich keinen schöneren Urlaub vorstellen, als auf dem Meer zu sein und in einsamen Buchten zu ankern. „Wow, schau doch mal, was für ein hübsches Schiff", rief Anna begeistert, als sie den „Cappuccino"-Steg entlangliefen. Direkt am ersten Steg gelegen und entlang der Hafenpromenade lag eine moderne Motoryacht von mindestens 25 Metern Länge. Der Rumpf strahlte blitzsauber und war frisch aufpoliert worden. Chrom-Poller und Klampen blinkten, die Fender waren nagelneu, und die Taue sahen edel aus und wirkten wie unbenutzt. Auf dem Achterdeck, das mit Teakholz ausgelegt war, befand sich ein schöner Mahagonitisch mit „Loom"-Sesseln. Die passenden cremefarbenen Seidenkissen betonten die schlichte Eleganz. Der Tisch war gedeckt mit feinem Porzellan und edlen „Riedel"-Gläsern, die auf Leinensets in beige standen. Das ganze Schiff war hell beleuchtet, obwohl es mitten am Tag war. Klassische Musik ertönte von den Boxen am Achterdeck. Ein rubinroter Teppich lag über der Passerelle bis hin zum Steg. „Open Boat" stand auf dem Schild davor. Anna kannte bisher nur „Open House", da konnten Interessenten ohne Anmeldung Häuser besichtigen, wenn ein entsprechendes Schild davor aufgestellt wurde. „Lass uns da reingehen und mal schauen", schlug Patrick vor. Anna zögerte, denn sie fühlte sich immer dann unwohl dabei, etwas in Anspruch zu nehmen, wenn sie genau wusste, dass es für sie nicht in Frage kommen würde. Sie ging auch nicht wie viele ihrer Freundinnen in die Goethestraße zu „Gucci" oder „Prada" und probierte Kleider oder Handtaschen aus oder ließ sich was zurücklegen, nur um dann der armen Verkäuferin später wieder abzusagen. Genauso wenig schätzte sie es, wenn Kunden im Shop anriefen, sich Exposés zuschicken ließen oder noch besser zur Zweitbesichtigung kamen, wie diese Frau Petrowski aus Praunheim, nur zu Unterhaltungszwecken. Bevor sie ihre Bedenken äußern konnte, war Patrick schon den roten Teppich empor gelaufen und stand auf dem Achterdeck. „Komm schon, Anna", lachte er sie aufmunternd an. Sie hatten kaum das Deck betreten, als eine langbeinige Blondine mit einem perfekten Zahnpasta-Lächeln auf sie zukam und den beiden ein Glas Champagner in die Hand drückte. „Willkommen an Bord der Cara Mia", hauchte sie verführerisch und Anna bemerkte, dass nicht nur sie zur Kenntnis genommen hatte, dass diese junge Dame attraktiv war. Doch bevor sie sich darüber ärgern konnte, kam ein Mann Mitte Fünfzig mit teurem Anzug (sicher „Armani"?!) auf die beiden zu. „Willkommen an Bord, darf ich Ihnen unser neuestes Flaggschiff vorstellen? Mein Name ist Luc Brügge, aber bitte nennen Sie mich Luc." Luc hatte diese charmanten „Rudi Carrell"-Accent und sah auch ein wenig so aus, wie Anna schmunzelnd feststellte. „Sie sehen hier den Mercedes unter den Schiffen, wir haben nur die edelsten Materialien verwendet, sowohl für den Schiffsrumpf und die Technik als auch für den Innenausbau. Aber bitte treten Sie doch näher und überzeugen Sie sich selbst." „Unglaublich", dachte Anna, „es sieht hier innen aus wie in einem schicken Apartment." Mit der spartanischen Ausstattung des gemieteten Segelbootes von letztem Jahr hatte das hier überhaupt keine Ähnlichkeit, außer vielleicht, dass beide Schiffe auf dem Wasser schwimmen konnten. Sie sahen ein gestyltes Wohnzimmer mit weißer Ledercouch von „Rolf Benz", Kuhfell-Kissen und einem riesigen Flachbildfernseher. Die Sideboards waren aus Hochglanzlack (Klavierlack, wie Luc erklärte) und mit edelsten „Riedel"-Gläsern und Porzellan von „Hutschenreuther" bestückt. Es gab außerdem noch ein komplett eingerichtetes Esszimmer und eine Küche, die so groß war wie Annas Küche zu Hause in Kronberg, nur dass hier alles nagelneu und topmodern ausgestattet war. Es fehlte nichts, was das Herz eines Hobbykochs hätte höher schlagen lassen: Dampfgarer, eine eingebaute Jura-Kaffeemaschine, einen Miele-Geschirrspüler, einen Induktionsherd und schicke Hochglanzfronten in cremeweiß, die sich bei leichtem Druck wie von selbst öffneten. Sogar eine Eiswürfelmaschine war vorhanden. Die Treppe runter befanden sich drei große und edle Schlafräume mit schicken En-Suite-Bädern. „Es sieht aus wie im Sofitel", dachte Anna. Neben dem Maschinenraum gab es noch eine kleine Waschküche und eine „Garage", in der sich ein Dinky (Beiboot mit Außenbordmotor) und zwei Jetski befanden. „Darf ich Ihnen noch unsere Flybridge zeigen, ach ja, und Sandy, sei so lieb und fülle unseren Gästen die Gläser nochmal auf." Genussvoll tranken die beiden das zweite Glas Champagner und standen auf der Flybridge. Von hier aus überblickten sie den ganzen Hafen, sahen das „Cappuccino"-Restaurant, Wellies Bar und die schicken Nobelboutiquen, die zwischen den hochgewachsenen Palmen hervor blitzten. „Ist das ein Grill?", erkundigte sich Anna staunend. "Sicher, das darf doch auf keinem guten Schiff fehlen. Das ist eine Weber-Spezialanfertigung, und natürlich haben wir hier oben auch eine komplett eingerichtete Bar." Er öffnete einen Schrank, der bis in den letzten Winkel mit alkoholischen Getränken gefüllt war. „Wow, Sie haben ja sogar einen Single-Malt-Whiskey!" Patricks Begeisterung für den Single-Malt und das Schiff wurden noch durch eine fette Churchill-Zigarre verstärkt, die Luc ihm anbot, und Anna überlegte, ob sie vielleicht diese Veranstaltung Herrn Hartmann als Verkaufskonzept vorschlagen sollte, denn Patrick war nun bester Laune… Bei der Mailänder Straße wären allerdings ein Bembel Apfelwein und ein alter stinkender „Handkäs´ mit Musik" eher angesagt, stellte Anna trocken fest. Sie konnte sich nicht vorstellen, dass Frau Petrowski Single-Malt trinken würde. Mal ganz abgesehen davon stand sie selbst auch nicht auf das Zeug, das irgendwie nach „Pferdedecke" schmeckte und würde einem guten sauer-gespritzten „Äppelwoi" den

Vorzug geben. Die Sonne schien auf die gemütliche Sitzecke der Flybridge, und Anna schloss genießend die Augen. Es war ein Traum, ein wunderschöner Traum, was für ein schönes Schiff. Patrick ließ sich von Luc die ganzen technischen Details erklären, nur über den Preis wurde nicht gesprochen. Wozu auch? Die hübsche Sandy hatte ihnen zwischendurch Häppchen serviert, die sie zuvor bei „Tristan" geholt hatte, und Luc und Patrick waren inzwischen beim „Du" angekommen, lachten und scherzten wie alte Freunde. Es war schon später Nachmittag geworden, als die beiden endlich aufbrachen und Anna fühlte eine bleierne Müdigkeit in sich aufsteigen. Als sie mit dem Taxi die kurze Strecke ins „Mardavall" fuhren, war Anna schon eingeschlafen und Patrick hatte Mühe, sie aus dem Taxi zu bekommen. Gegen sechs wachte Anna mit einem ziemlich dicken Kopf in ihrer Suite auf und stellte fest, dass Patrick nicht da war. Vielleicht war er im Fitnessstudio? Patrick legte größten Wert auf einen durchtrainierten Körper und kämpfte immer wieder gegen seine kleine gemütliche Wölbung im Bauchbereich an. Anna nutze die Zeit seiner Abwesenheit, um sich ins Intranet ihrer Firma einzuloggen. Vielleicht hatte sie ja neue Nachrichten oder Anfragen für Besichtigungen bekommen. Die einzige Nachricht war von Frau Petrowski aus Praunheim, die gerne nächsten Sonntag um 10.00 Uhr eine Zweitbesichtigung mit ihrer Tante Martha bekommen wollte.

Tod und Sühne

Vladimir Chruschtschow

Als Schönborn den Obduktionsbericht des Katers von seinem Freund Hans Schulz zugemailt bekam und die Ergebnisse der DNA-Proben am Computer abgeglichen hatte, konnte der Täter schnell ermittelt werden. Vladimir Chruschtschow, der 32-jährige Russe, der wegen Raubüberfall mit einer Spielzeugpistole auf den Beate-Uhse-Shop in der Stiftstraße letztes Jahr schon vor Gericht gestanden hatte, aber einer Verurteilung doch entging, da der zuständige Richter bei dem fast zwei Meter großen Bären von einem Mann einen Intelligenztest anordnete, nachdem die fast dreistündige Anhörung mit einem Übersetzer nichts Brauchbares zutage förderte. Obwohl die beschlagnahmte Ware in Form von vergoldeten und versilberten Dildos aller Größen und Formen in einer Aldi-Tüte bei Chruschtschow gefunden wurde, war sich dieser keiner Schuld bewusst. Mit einem IQ von 59,5 wurde Chruschtschow als fast schwachsinnig und jedenfalls nicht wirklich zurechnungsfähig befunden und im Grunde als harmlos eingestuft. Was aber hatte Chruschtschow mit dem Kater von Angelina

Owenson zu schaffen? Und warum hatten die Kriminalpsychologen ihn als harmlos eingestuft, wenn er in der Lage war, Katzen aufzuspießen? Im Frankfurter Bahnhofsviertel, Ecke Taunusstraße/Elbestraße zwischen dem Döner und dem Bordell Eros 26, wurde Chruschtschow um 15.30 Uhr von zwei Polizeibeamten aufgegriffen und auf die Wache gebracht. Mit Hilfe von Natascha Mirow, einer jungen und sehr attraktiven Polizistin russischer Herkunft, konnte ihm Schönborn nach etwa zweieinhalb Stunden Verhör endlich einen Namen entlocken: Geiling, Peter Geiling.

Schönborns Laune verfinsterte sich, als er diesen Namen hörte. Peter Geiling, der Name ging im Januar durch die Presse. Geiling saß in Untersuchungshaft, da er in eine Schmiergeldaffäre im Bauträgergeschäft verwickelt war. Aber wie kam die Verbindung des ehemaligen Geschäftsführers des Shops von Drängl & Melkers in Frankfurt mit einem schwachsinnigen Russen aus dem Rotlichtmilieu zustande? Schönborn fuhr sich durch sein spärliches Haupthaar. Die ganze Maklerzunft war ihm sowieso zuwider, bisher hatte er persönlich nur schlechte Erfahrungen damit machen können. Seine kleine Dreizimmerwohnung in der Rohrbachstraße hatte feuchte Wände, die kurz vor der Vermietung überstrichen worden waren. Statt wie im Mietvertrag angegeben 75 qm war sie nur 65 qm groß und dabei wurde der Balkon auch noch vollständig und nicht hälftig mitgezählt. Ebenso gab es nicht, wie vom Makler behauptet, eine Trittschalldämmung und die High Heels der Mieterin über seiner Wohnung, die sie von morgens ab 6.30 Uhr bis spät abends trug, trieben ihn fast in den Wahnsinn.

Seine Mordgelüste bekam er nur in den Griff, indem er sich jeden Abend mit drei Flaschen Bitburger und einer Meditations-CD betäubte. Makler, das waren alles Lügner und Verbrecher für ihn und nur auf ihren Profit aus. Diesem Geiling würde er schon auf die Schliche kommen.

Peter Geiling

Geiling, der wegen dubioser Schmiergeldgeschäfte mit Bauträgern noch in U-Haft in Preungesheim saß, konnte anhand des registrierten Telefonates ein Gespräch mit Chruschtschow zwar nicht leugnen, sagte aber nichts dazu. Erst als der Staatsanwalt Christian Sanders Geiling massiv unter Druck setzte und ihm androhte, dafür zu sorgen, dass er in die gefürchtete Justizvollzugsanstalt in Butzbach kommen würde, begann dieser aufzuweichen. Sanders war besonders erbost über den Tod des Katers, wenn er ehrlich zu sich war, und das war er fast immer, sogar noch mehr als über den Tod der alten Frau. Natürlich ließ er sich das aber nicht anmerken. Seit 1998 war Sanders ein aktives Mitglied und Mitbegründer des örtlichen Tierschutzvereins und der Katzenhilfe Eschborn. Katzen waren sein Leben. Er selbst war stolzer Besitzer von zwei riesigen grauen Kartäuser-Katzen, die er in seiner Wohnung in Eschborn hegte und pflegte. Daher schlug er bei Geiling nun einen etwas härteren Ton an: Er würde dafür sorgen, dass Geiling in den C-Flügel käme, dieser sei dafür bekannt, dass es nicht nur in den Zellen, sondern auch in den Waschräumen von Ungeziefer wimmeln würde. Außerdem gebe es dort einen Arzt, von den Gefangenen nur „Dr. Frankenstein" genannt, der bei jeglichen körperlichen oder psychischen Leiden grundsätzlich Beruhigungsmittel verordnen und dann die wehrlosen Patienten auf einem angeschraubten Stuhl festgebunden „behandeln" würde. Seine Spezialität sei es, Einläufe zu verpassen, die er als Allheilmittel gegen einfach alles propagieren würde.

Die Einläufe zogen und Geiling sang schließlich wie ein Vögelchen und spuckte brav das ganze grausame Verbrechen aus. Wie ihn Martina Kurz anstiftete, gegen Beteiligung an ihrer Courtage die alte Frau durch Drohungen dazu zu bekommen, aus dem begehrten Haus auszuziehen. Martina wusste, dass er Kontakte zur russischen Halbwelt hatte und bat ihn, eine geeignete Person zu finden, die die alte Dame bedrohen sollte: Chruschtschow!

Dass Geilings russische Sprachkenntnisse dürftig und Chruschtschows Verstand beschränkt waren, hatte zur Folge, dass es zu diesem für den Kater folgenschweren und tödlichen Missverständnis gekommen war. Der Kater sollte an den Pfahl gebunden-und der Zettel mit der Drohung auf den Pfahl gespießt werden...

Angelina

Sie sah so friedlich aus. Sie hatten ihr das schöne geblümte Seidenkleid in dezenten Rosétönen angezogen, mit langen Ärmeln, damit man ihre faltigen Arme nicht sehen konnte. Sogar ihre Finger waren maniküft, eine Seltenheit bei ihrer Mutter, denn sie liebte es, in ihrem Garten zu werkeln, Unkraut zu zupfen und die Pflanzen beim Wachsen zu unterstützen, natürlich nur mit Biodünger und Kompost, den sie selbst herstellte aus den Abfällen des Gartens. In ihren Händen hielt sie eine rosafarbene Magnolienblüte, die hatte Rosalie extra heute Morgen frisch von dem Baum vor dem Haus ihrer Mutter abgeschnitten. Das dezente Make-up stand ihr gut und Rosalie dachte, wie schade es sei, dass sie selbst sich nicht sehen konnte, so fein herausgeputzt, wie sie war.

Das Beerdigungsinstitut hatte gute Arbeit geleistet, und der dunkelblaue Samt des Sarges ließ sie fast wie eine Gräfin aussehen. Das Morgenlicht fiel durch die verzierten Fenster des Kuppeldaches und beleuchtete den leblosen Körper von Angelina. Vor dem Sarg lagen vier große Kränze und zahlreiche leuchtendbunte Frühlingssträuße. „Es hätte ihr gefallen", dachte Rosalie bei sich, „hier in dieser schönen Jugendstilhalle zu sein, mit all den Blumen." Es war nur eine kleine Gruppe von Trauergästen versammelt. Ihre alte Schulfreundin, Gudrun Stein, war extra aus Fulda gekommen. Sie hatte den Frühzug genommen und sich vom Hauptbahnhof aus mit einem Taxi zum Hauptfriedhof in die Eckenheimer Straße fahren lassen. Rosalies dementer Onkel Alfredo stand neben seiner Pflegerin und schluchzte immer wieder: „Mutter,

Mutter." Er konnte sich nicht mehr erinnern, dass es sich um seine älteste Schwester handelte, die hier aufgebahrt wurde. Dann hielt er unvermittelt inne und schaute sich unsicher um, sah Rosalie an und fragte sie: „Kenne ich Sie denn, junge Dame? Wie bin ich hierhergekommen?" Ob er die ganze Zeremonie überstehen würde, war fraglich. Er war in keinem guten Zustand mehr, obwohl er erst 82 Jahre war, wirkte er durch die Demenz viel älter als Angelina, zumindest zu ihren Lebzeiten. Pauline Hartmann stand ebenfalls in der Trauerhalle, sie trug ein schlichtes schwarzes Kleid und einen grauen Steppmantel, denn nach wie vor ließen die Temperaturen zu wünschen übrig, der Frühling ließ im kalten Frankfurt noch auf sich warten. Mila, die Putzfrau, die seit über 15 Jahren bei Angelina montags regelmäßig zum Putzen kam, hatte rotgeweinte Augen und stützte sich auf den starken Arm des jungen Gärtners Jacek. Beide standen im größeren Abstand zu den anderen Gästen. Ebenfalls in den hinteren Reihen war Kommissar Schönborn zu sehen, neben ihm sein neuer Assistent, der erst 28 Jahre alte Peter Schmitz aus Dresden. Die beiden waren aus echter Anteilnahme gekommen, der plötzliche Tod der alten Frau nach dem furchtbaren Katzenmord hatte sie erschüttert, sicherlich war es auch dem kriminalistischem Spürsinn von Schönborn zu verdanken, heute hier aufzutauchen. Hinter Mila und dem Gärtner stand noch eine junge Frau mit Zöpfen, die teilnahmslos eine SMS in ihr Handy tippte. Als nun die Klänge von Mozarts Trauermesse einsetzten, konnte die bis dahin so gefasste Rosalie ihre Tränen nicht mehr zurückhalten. Sie hatte bewusst auf eine Ansprache des Pfarrers verzichtet, sie hätte es nicht ertragen, wenn er über ihre Mutter gesprochen hätte.

Nach der fünften Schippe Erde führte die Pflegerin Onkel Alfredo vom Grab weg und verabschiedete sich von der kleinen Trauergesellschaft. Ob sie noch später zum Leichenschmaus in Angelinas Haus kommen könnten, wusste sie noch nicht. Kommissar Schönborn und sein Assistent kondolierten und wollten sich gerade vom Grab entfernen, da hörten sie, wie die junge Frau mit den Zöpfen Rosalie ansprach. „Guten Tag, Frau Owenson, es tut mir ja sehr leid mit Ihrer Mutter, es ist sicher sehr schwer für Sie. Jetzt müssen Sie sich auch noch um den Nachlass kümmern. Ein bisschen Unterstützung können Sie sicherlich gebrauchen. Falls Sie daran denken, das Haus zu verkaufen, ich hätte genau den richtigen Kunden für Sie, einen Investmentbanker aus London mit Top-Bonität. Hier ist meine Karte, mein Name ist Martina Kurz von Drängl & Melkers. Lassen Sie uns doch morgen dazu mal telefonieren." Rosalie nickte traurig, nahm die Karte entgegen und entfernte sich mit ihrer Freundin Pauline Hartmann, der Putzfrau und dem Gärtner.

Als Kommissar Schönborn den Namen der jungen Frau hörte, stutzte er, blieb stehen und drehte sich um. „Frau Kurz, kann ich Sie bitte kurz sprechen?" „Natürlich, möchten Sie vielleicht auch ein Haus oder eine Wohnung verkaufen?" "Nein, ich hätte da ein paar Fragen an Sie, ich bin Kommissar Schönborn und ermittele im Fall der Tierquälerei an dem Kater von Frau Owenson. Kennen Sie einen Herrn Geiling?" Die Farbe wich aus dem ohnehin schon bleichen Gesicht von Martina und ein panisches Gefühl stieg in ihr auf. Sie drehte sich mit einer unglaublichen Geschwindigkeit um, sodass ihre beiden Zöpfe propellerartig um den Kopf flogen und rannte quer über die Gräber in Richtung Ausgang.

Auf dem Grab von Pauline Schmidt (Vorlage für die Figur des Paulinchen aus dem Kinderbuch „Struwwelpeter", das Mädchen, welches mit den Feuerhölzern spielte und verbrannte) verlor sie den rechten Schuh, einen nagelneuen schwarzen Lackpumps von „Jimmy Choo", der sich in den Blumenranken des städtischen Kranzes verhakte. Einschuhig rannte Martina nun etwas ungelenk, doch so schnell sie konnte weiter, bevor der athletische Sachse, Peter Schmitz, der die Verfolgung aufgenommen hatte, einen ihrer wildfliegenden Zöpfe zu fassen bekam und die vor Schmerzen aufschreiende Martina auf dem Grab von Marcel Reich-Ranicki zur Fall brachte.

Martina Kurz

Sie konnte einem schon fast leidtun, wie sie zusammengesunken dasaß, auf dem Stuhl im Untersuchungsraum der Polizeistation, die Haare zerzaust, Erde von Reich-Ranickis Grab im Gesicht und auf der Kleidung. Sie wirkte wie ein zerrissenes Aschenputtel, nur mit einem Schuh bekleidet. Schmitz und Schönborn waren nicht bereit gewesen, trotz des flehenden Bettelns der tränen- und erdverschmierten Martina, wieder zurückzugehen, sodass der Pumps von „Jimmy Choo" nun Paulinchens Grab schmückte, bis er irgendwann einmal von einem städtischen Friedhofsgärtner entdeckt werden würde.

Heute würde aber sicherlich kein Prinz kommen, um das Aschenputtel Martina zu retten, sondern es kam nur ein mürrischer Kommissar Schönborn, und der würde es ihr gewiss nicht leicht machen, einer Maklerin, die über Leichen ging.

Free Willy

Rückflug

Als Anna am Dienstag in der 7.00 Uhr-Maschine von „Air Berlin" saß, war sie todmüde und ärgerte sich, nicht den teureren Flug gegen 11.00 Uhr genommen zu haben, aber ihre doch etwas zu angespannte finanzielle Situation hatte sie dazu bewogen, den Flug zu dieser unchristlichen Uhrzeit zu wählen. Ein Kaufabschluss war ja leider auch nicht in Sicht, denn dass Frau Petrowski die Wohnung in der Mailänder Straße kaufen würde, hielt sie für unwahrscheinlich.

Pünktlich um 9.00 Uhr landete die Maschine und rollte zum Finger des B-Terminals. „Mist, Gate 57", dachte Anna mit einem Blick auf ihre korallroten Pumps, die sie extra angezogen hatte, um Patrick zu beeindrucken, der sie zwar nicht zum Flughafen begleitet, dafür aber sehr liebevoll aus dem Schlafzimmer der Suite im „Maradavall" geküsst hatte.

Am Gate 37 hielt sie an, um einen Anruf entgegenzunehmen, die Nummer kannte sie nicht: "Anna Baby, what's up, my darling?" ‚und wüsste Anna nicht, dass er stockschwul war, hätte sie sich wie damals im Schlosshotel sofort wieder in seine Stimme verliebt, etwas rauchig und fast so sexy wie die von Bill Clinton. "Sweetheart, I just want to know what's going on with your colleague Martina. She doesn't return my calls. I don't want to buy the penthouse because Dave is not quite happy with it, we'll probably rent a 400 square metre flat in Eppsteiner Straße. „Altbau" with „Stuck". Dave loves it. But I spoke to my friend Andreas Seifert, Head of Investmentbanking at Deutsche Bank and he seems to be very keen on that penthouse. Can you help me, so I can get in touch with Martina?" "Sure, Johnny, I`m on my way into the office and will give you a call as soon as possible if I can reach her", Anna schluckte, als sie über die zu erwartende Courtage des Zweimillionen-Penthouses nachdachte, die Martina nun wahrscheinlich einstreichen würde. Von den 100.000 Euro netto, der an den Shop zu zahlenden Summe, würde der Kaufberater immerhin 12,5% erhalten. 12.500 Euro waren eine Stange Geld.

150 Euro!!! Anna wurde blass, sie hatte am Donnerstag direkt im Parkhaus des Flughafens geparkt, da sie spät dran war, eigentlich hatte sie mit der S4 von Kronberg zum Hauptbahnhof fahren wollen und von dort zum Flughafen, da sie aber mal wieder viel zu viel Zeit damit verbrachte, ihre Garderobe für die vier Tage zusammenzustellen, brauste sie schließlich mit ihrem roten Mini direkt zum Flughafen. Wenigstens konnte sie jetzt geradewegs zum Shop fahren, um sich um Johnnies Anliegen zu kümmern.

Schieflage

Sein langer Schwanz war seitlich abgekippt, der Körper gedreht, die Schuppen sahen mehr grau als goldorange aus, vereinzelt stiegen kleine Luftblasen aus seinem Maul auf.

„Was ist denn mit dem Fisch passiert?", fragte Anna entsetzt, als sie vor Lisas Tisch im Büro stand.

„Mit was für einem Fisch?", zischte Lisa genervt, die den Goldfisch auf ihrem Tisch anscheinend nicht wahrnahm, „wir haben hier gerade andere Probleme. Und überhaupt, Du bist zu spät zum Team-Meeting, die anderen sind schon drinnen und Hartmann hat sauschlechte Laune." Anna hatte tatsächlich vergessen, dass sie ja jeden Dienstag um 10.00 Uhr Team-Meeting hatten und man nur in äußersten Ausnahmefällen, wie zum Beispiel einem Notartermin, fehlen durfte. Da sie den Dienstag nicht als Urlaubstag eingetragen hatte, stand sie jetzt sehr blöd da. Es war 10.30 Uhr. Sie ging nach oben in den Konferenzraum und öffnete leise die Tür.

Frederick strahlte sie mit seinem umwerfenden Lächeln an und flüsterte ihr zu: „Schicke Schuhe, meine Hübsche, hat wohl länger gedauert, auf diesen Hacken zum Büro zu kommen." Susanne berichtete gerade, dass der Verkaufsauftrag für die Wohnung im Oeder Weg nächsten Dienstag auslaufen würde. Die Kündigung des Eigentümers lag auch schon vor, und ihre Telefonate und auch das persönliche Gespräch mit dem Eigentümer hatten leider nichts gebracht. „So ist das eben", dachte Anna bei sich, „wenn man die Objekte zu hoch einwertet. Man bekommt zwar einen Auftrag, kann die Immobilie aber nicht verkaufen. Der nächste Makler, der die Wohnung bekommt, setzt dann als erstes den Kaufpreis runter, und zwar auf Marktpreisniveau, und sahnt den Kuchen ab."

Für das baufällige Haus im Dornbusch hatte Silke einen Bieter, aber der Eigentümer war noch nicht bereit, auf das Gebot einzugehen und wollte 40.000 Euro mehr haben. Ob Herr Hartmann denn einverstanden wäre, wenn Silke den Kaufinteressenten dadurch motivieren würde, höher zu bieten, wenn man mit der Courtage etwas entgegenkommen würde? Hartmann verzog das Gesicht, als hätte ihm jemand mit dem Ellenbogen in die Magengrube geschlagen: „Das kommt überhaupt nicht in Frage, wo kommen wir denn da hin?" „Aber wir könnten doch von den fast 50.000 Euro vielleicht 10.000 Euro runtergehen", versuchte Silke es erneut. „Gut, wenn Sie auf Ihren Teil verzichten wollen, dann bieten Sie ihm das an." Die Zornesröte stieg ihm dabei ins Gesicht, und Silke zog es vor, nichts mehr zu sagen. Als nächste wäre Martina dran gewesen, um über den Stand der Dinge mit dem Penthouse zu berichten, die fehlte aber offensichtlich. Stattdessen kam nun Lisa leichenblass zur Tür rein und sagte mit gepresster Stimme: „Herr Hartmann, es tut mir leid, dass ich stören muss, aber ich habe eben einen Anruf von der Polizeistation erhalten. Martina wird wohl vorerst nicht ins Büro kommen können. Warum, weiß ich aber nicht, am besten, Sie rufen da mal an." Die Zornesröte in Hartmanns Gesicht wechselte nun zu einem aschgrau und die Kinnlade klappte runter. Was um Himmelswillen war nun wieder passiert? Doch bevor er sich wieder fassen konnte, nutzte Frederick die Gunst der Stunde und eröffnete Hartmann, dass er kündigen würde und ein sehr lukratives Angebot bei einer Firma in München angenommen hatte. Und mit seinem entwaffnenden Lächeln wünschte er allen noch viel Erfolg, puffte Anna zärtlich in die Seite und verließ den Raum. Auf Hartmanns Stirn bildeten sich nun Schweißperlen und es wurde ihm schwindelig. Lisa, die ihren Chef sehr gut kannte, machte sich ernsthaft Sorgen und überlegte den Notarzt zu rufen, denn er zitterte am ganzen Körper. „Das Team-Meeting ist beendet, bitte schicken Sie mir Ihre Reporte per Mail zu und verkaufen Sie, was Sie können und zwar schnell!"

Zurück im Büro, ging Anna zu Fredericks Schreibtisch und fragte ihn, warum er gekündigt hätte. Sie hatte immer noch ein schlechtes Gewissen, weil sie ihn in der Luna Bar stehen gelassen hatte. Frederick lachte laut auf: „Süße, das weißt Du doch genau, das hier ist nichts für mich. Ich habe einen erstklassischen Werbevertrag bei „Hugo Boss" bekommen. Die Agentur für die Models sitzt in München. Letzte Woche kam ein Anruf meines Agenten und im Casting habe ich natürlich alle Jungs alt aussehen lassen." Ein gutes Selbstbewusstsein hatte er jedenfalls, stellte Anna fest. Ja, dass der Beau auch modelte, war eigentlich logisch. "Ich freue mich für Dich", sagte Anna, „lass uns bitte in Kontakt bleiben, ich bin ja auch ab und zu in München und auf alle Fälle komme ich jedes Jahr regelmäßig zum Oktoberfest." Frederick lachte wieder sein magisches Lächeln. „Die schäh`Anna im Dirndl, jo moi, den Anblick werd' I' mir net entgehen lassen". Seine eindeutigen Blicke auf Annas Oberweite ließen sie erröten. Er war ihr jedenfalls nicht böse, und das war ihr wichtig.

Wie sich rausstellte, ging Frederick nicht alleine nach München. Natascha würde mitkommen. Sie hatte eine Stelle in der Ballettschule von Christiane Böhm in der Lindwurmstraße in Mittersendling bekommen und würde dort die kleinen Kinder im Alter zwischen vier und sechs Jahren unterrichten. Sie hätten sogar schon eine kleine Zweizimmerwohnung am Josephsplatz in Schwabing angemietet und würden dort zunächst als „WG" zusammenleben, bis jeder etwas Passendes finden würde. „Courtagefrei" natürlich, Frederick grinste. Anna freute sich für die beiden und überlegte, wann die zwei Kollegen endlich begreifen würden, dass sie das perfekte Traumpaar waren.

Anna fuhr den Computer hoch und schaute sich die Unterlagen zum Penthouse an. „Wow", der Vertrag war bereits seit gestern ausgelaufen. Sie notierte sich die Nummer des Eigentümers, um ihn anzurufen, vielleicht war es ja möglich, noch eine Verlängerung herauszuhandeln, um dann mit Herrn Seifert kurzfristig zu besichtigen. Doch dann hatte Sie eine andere Idee, tippte etwas in den Computer, druckte eine Seite aus und unterschrieb das Blatt. Anna packte ihre Sachen zusammen, leerte säuberlich ihre Schublade, legte das Papier auf Lisas Tisch und sagte: „Ich kündige mit sofortiger Wirkung", lachte die verdutzte Lisa an, schnappte sich das Glas mit dem dahinsiechenden Goldfisch und verschwand aus dem Büro.

Freiheit

Anna stoppte noch kurz an der kleinen Zoohandlung in der Stiftstraße, die sich direkt neben dem Beate-Uhse-Shop befand, kaufte Spezialfutter und ein flüssiges Vitaminpräparat in Tropfen, schüttete eine kleine Dosis in das Glas, das sich daraufhin lila färbte und fuhr dann über die Eschenheimer Landstraße auf die Miquelallee nach Schwalbach.

Der Garten ihrer Eltern war riesig. Sie wohnten hier schon seit mehr als 40 Jahren. Als Kind hatte sie es geliebt, in dem Garten Verstecken zu spielen, durch die Sträucher und Beete zu kriechen, immer auf der Hut, dass ihr Vater, ein passionierter Hobbygärtner, sie nicht erwischte - oder unter einer der großen Trauerweiden, an den langen Weidenruten schwingend, „Tarzan" zu spielen. Der Garten wurde zu ihrer Welt. Ihr Vater musste damals sogar die Gartengeräte aus der Holzhütte unter der Weide räumen, damit Klein-Anna mit ihren Puppen einziehen konnte. Hier konnte sie ihrer blühenden Fantasie freien Lauf lassen, alles leben und erleben, was sie sich wünschte und vorstellte. Hier war sie frei und glücklich. Alles war möglich. Sie hatte die uneingeschränkte Macht im Reich der Fantasie unter dem Baum.

Ihre Eltern waren immer noch in Neuseeland. Inzwischen waren sie von der Nordinsel mit dem sanfthügeligen Farmland, den Kauri-Wäldern, den aktiven Vulkanen und Geysiren auf der Südinsel gelandet, um dort zum Whale Watching zu gehen, Pinguine und Seelöwen zu beobachten, um grandiose einsame Landschaften zu erleben und die Gletscher und Eisberge zu bestaunen. Anna hatte immer noch einen Schlüssel zu ihrem Elternhaus, fuhr jedoch eigentlich nie dorthin, wenn ihre Eltern nicht da waren, höchstens um mal nach dem Rechten zu sehen, oder wenn ein Unwetter im Taunus gewütet hatte, um zu schauen, ob das Haus noch stand und die Bäume nicht entwurzelt im Garten lagen. Anna hatte ein gutes Verhältnis zu ihren Eltern. Bei allen Macken und Schwächen, die normale Eltern so haben, schätzte sie vor allem die bedingungslose Unterstützung, die sie von ihnen bekam. Sie hatten das Herz auf dem rechten Fleck. Sie waren immer für sie da gewesen und hatten die Tochter niemals im Stich gelassen und immer zu ihr gestanden, auch als sie sich nach 20 Jahren von ihrem Mann trennte. Wegen eines anderen Mannes. Wegen Patrick.

„Sie will sich scheiden lassen", erzählte Annas Mutter Annas Vater nach dem langen Telefonat mit der Tochter, die ihr gerade die Neuigkeit überbracht hatte. „Gut", Annas Vater blickte seine Frau kurz an, dann widmete er sich wieder seiner FAZ und las den Artikel über die Eröffnung des Prozesses zur Untreue des Aufsichtsratschefs der Nürburgring GmbH, Ingolf Deubel. Er hatte weniger gute Erinnerungen an seinen Schwiegersohn.

„Lassen Sie sofort den Jungen los!", langsam stieg Annas Vater vom Rad ab. Der Mann hielt den Jungen am Arm, mit seinen riesigen Händen fest umklammert, so fest wie ein Schraubstock. Später sollte der Arzt bei dem Jungen Blutergüsse feststellen. Der Abdruck seiner fünf Finger war noch Stunden später zu sehen. Das zarte Gewebe des Kinderarms war stark gequetscht worden.

„N`n Deiwel werd` isch due, die Sauband is quer übber die Felder drübber gerännt."

Anna hatte mit Norbert und ihren Eltern eine Radtour von Schwalbach über die Felder nach Sulzbach zur „Ponderosa" unternommen. Sie wollten gerade weiterfahren, zum Schlossplatz in Höchst, als eine Gruppe von sieben Kindern im Alter von vielleicht zehn oder elf Jahren sie aufgeregt und weinend stoppte: „Bitte helfen Sie uns, wir wollten doch nur spielen, er hat Georg geschnappt und lässt ihn nicht los." Sie hatten eine Schatzsuche veranstaltet und waren quer über die Felder gelaufen. Der fremde Mann hatte sie gestoppt und angebrüllt, dass das hier verboten wäre und packte einen Jungen, den Georg, am Arm und zog ihn hinter sich her, zu seinem Schrebergarten. Vielleicht wollte er ihn dort bestrafen? Der Mann sah primitiv aus, sehr kräftig, etwas untersetzt und riesig. Mindestens 190 cm groß.

Annas Vater ging nun langsam auf den Mann zu und stand vor ihm, nur noch etwa einen Meter entfernt. „Sie lassen ihn jetzt sofort los!" Der Mann ließ den Arm des Jungen los, ballte blitzschnell die Hand zur Faust, holte aus und schlug zu. Der Schlag traf Annas Vater seitlich am Wangenknochen, die Brille flog im hohen Bogen vom Kopf. Annas Vater schlug zurück. Früher, als junger Mann, hatte er bei den Amateuren geboxt. Der Schlag saß. Jetzt waren beide Männer ineinander verkeilt. Bevor weitere Schläge gegenseitig verteilt werden konnten, sprang die nur 156 cm große Mutter von Anna den großen Mann von hinten an, die Finger zu Krallen ausgefahren und riss ihm entschlossen die Hose herunter. Der Kampf war sofort beendet. „Einer für alle, alle für einen!" Das war Annas Familie.

Inzwischen hatte Anna die Polizei verständigen können, die auch bald im Feld erschien. Den Mann nahmen
sie mit. Norbert hatte mit großem Sicherheitsabstand die
Szene beobachtet. Als er später gefragt wurde, warum er
nicht eingegriffen hatte, meinte er nur: „Warum sollte ich
da eingreifen, wenn zwei Männer sich prügeln, das ist
doch viel zu gefährlich?"

Mit dem Goldfischglas in der Hand lief Anna direkt
zu dem großen Naturteich hinten im Garten und stellte
es auf den Boden ab. Der Schwanz des Goldfisches hatte
sich wieder aufgestellt. Anna hatte die Hoffnung, dass er
nicht sterben würde, sondern seine schlechte Verfassung
nur dem unerfreulichen Aufenthalt im Büro zu verdanken hatte. Hier würde er sich erholen können. Jetzt sah
sie die anderen Fische. Es waren nicht viele und auch
nicht so große. Das war gut so, denn schließlich sollte
der Goldfisch, frisch aus dem Büro gerettet, nun hier
natürlich nicht gleich gefressen werden. Sie nahm das
Glas mitsamt dem lilafarbenen Vitaminwasser und ließ
den Fisch behutsam in den Teich gleiten. Schnell
schwamm er davon, wedelte mit seiner Schwanzflosse
und verschwand unter einer Seerose. Sie gab noch etwas
Futter ins Becken und sah, wie ihr Goldfisch wieder
auftauchte, diesmal umringt von den anderen Fischen. Er
schien keine Angst zu haben. Es ging ihm gut. Er war
nun in Freiheit. Sie taufte ihn Willy. „Free Willy." Zu-
frieden verließ sie ihn und fuhr nach Hause.
Als sie die Post aus dem Briefkasten nahm, bekam
sie Angst. Eine weitere Mahnung der Frankfurter Spar-
kasse und eine Todesanzeige. Sie entschloss sich, die
Todesanzeige zuerst aufzumachen und war sichtlich

entsetzt. Warum war Angelina gestorben? Vor zwei Wochen war sie noch quicklebendig gewesen und sie hatten zusammen Schwarzwälder Kirschtorte gegessen. Was war nur passiert? Die Beerdigung wäre gestern gewesen und sie hatte es nicht mitbekommen, weil sie auf Mallorca war und die Post erst heute vorgefunden hatte. Sie fühlte sich schlecht und war tieftraurig, da sie die alte Dame sehr mochte, obwohl sie sich kaum kannten. Sie beschloss ihre Tochter Rosalie anzurufen, um zu kondolieren.

Als Anna die ganze Geschichte von Rosalie erzählt bekam, mit dem gepfählten Kater, Kommissar Schönborns Ermittlungen und als Folge davon den Herzinfarkt von Angelina, konnte sie das kaum glauben. Eine Maklerin von Drängl & Melkers wäre auch am Grab gewesen, das hätte sie als ziemlich taktlos empfunden, und die hätte ihr sogar eine Karte in die Hand gedrückt… ob das eine Kollegin von Anna wäre? Ihr Name war Martina Kurz

Zahltag

Paulines Rache

Gegen zwölf tigerte Hartmann noch immer in seinem Büro auf und ab, seinen dicken Bauch streichelnd und äußerst nervös, als die Tür sich unvermittelt öffnete und seine Tante Pauline hereinstürmte. In der Hand hielt sie einen neuen Brief der Gemeinde Andratx aus Mallorca, mit dem sie nun Hartmann vor dem Gesicht herumwedelte. „Du nichtsnutziger, schmieriger Betrüger", schrie Tante Pauline ihren geliebten Neffen an. „Was hast Du mir nur angetan, mein Vermögen ist vernichtet, das war meine Altersvorsorge, Du hast alles ruiniert, ich bin fertig mit dir!" Hartmann wich erschrocken zurück, so hatte seine Tante noch nie mit ihm gesprochen. Doch bevor er zu seiner Verteidigung etwas hervorbringen konnte (was ihm aber auch gar nicht eingefallen wäre, denn er war in einer wirklich schlechten Verfassung), ging seine Tante nun zum körperlichen Angriff gegen ihn über. Die vor Wut schäumende und nur 150 cm große Pauline schnappte sich die neugedruckten Hochglanzbroschüren der Frühjahrsausgabe von Drängl & Melkers exklusiven Immobilien, die fein säuberlich in dem chromglänzenden Designerständer neben der Tür aufgereiht waren und warf sie mit voller Kraft auf Hartmann, der sich ängstlich vor der Wucht des Aufpralls der 120 Seiten dicken Broschüren duckte und schützend die Hände über seinen Kopf hielt. Ihre Wut und ihre Enttäuschung waren so groß, dass sie nicht aufhörte, ehe sie alle 50 Prospekte mit der ihr als 79-jährigen alten Frau noch zur Verfügung stehenden geballten Kraft gegen den Körper ihres Neffen geschleudert hatte, der nun in der hintersten Ecke sitzend vor sich hin wimmerte. Begraben von Kummer, Scham und den Broschüren hatte er nun die Gewissheit: Er, Jochen Hartmann, der neue Geschäftsführer des aufstrebenden Shops von Drängl & Melkers, war am Boden zerstört.

„Jochen Hartmann, ich muss Sie bitten mitzukommen, Sie sind beschuldigt worden, einen Drogenhandel mit illegalen Pflanzen in Offenbach zu betreiben und haben sich strafbar gemacht nach dem Betäubungsmittelgesetz." Wie aus der Pistole geschossen oder in einem ARD-Tatort von Paul Brix gesprochen, klang der Satz des übermotivierten Sachsen fast zu geschmeidig, um wahr zu sein. Sein türkischer Kollege Ismael Hakan stöhnte erleichtert auf. Der junge Peter Schmitz aus Dresden war neu im Team des K13 und hatte diesen Satz von der Adickesallee bis zur Bockenheimer Landstraße zum Leidwesen seines Kollegen unaufhörlich wiederholt, und obwohl der mittägliche Verkehr in der Innenstadt noch fließend war, kam Hakan die Fahrt mit dem „sächsischen Papagei" unerträglich lange vor. Er war erleichtert, dass Schmitz den Hinweis auf die Rechte des Tatverdächtigen vergaß. Der aber schwieg sowieso nur.

Eine anonyme, ältere, weibliche und vermutlich deutsche Anruferin hatte gegen 13.00 Uhr auf der Polizeistation K13 angerufen und den konkreten Hinweis auf ein Gewächshaus mit Marihuana-Pflanzen auf einem Grundstück in Offenbach gegeben. Der Eigentümer des Grundstückes wurde schnell ermittelt: Jochen Hartmann. Der Staatsanwalt, Christian Sanders, hatte daraufhin postwendend eine Grundstücksdurchsuchung mit Drogenspürhunden angeordnet. Die hätte man allerdings gar nicht gebraucht, denn mit über 100 qm Grundfläche und einer vollautomatischen Bewässerungsanlage war das beeindruckende Gewächshaus nicht zu übersehen, und somit konnte der größte Fund aller Zeiten an illegalen Pflanzen im Rhein-Main-Gebiet sichergestellt werden. Als Hartmann gegen 14.00 Uhr mit Handschellen an der sprachlosen Lisa vorbei von zwei Polizeibeamten abgeführt wurde, hatte er seinen persönlichen Tiefpunkt erreicht. Widerstandslos hatte er sich festnehmen lassen. Schweigend, mit gesenktem Haupt, ließ er sich schicksalsergeben zur JVA 1 nach Preungesheim fahren.

Der Justizvollzugsbeamte, Paul Becker, wunderte sich, dass er auf seinem Stock in Haus B nach kurzer Zeit nun einen zweiten Immobilienmakler zur Betreuung zugewiesen bekam. Damit erhöhte sich die Maklerquote um 100%. Becker war für die Inhaftierten im Erdgeschoss zuständig. Er führte anhand einer Statistik genau Buch über seine „Knackis." Er hätte lieber einen weiteren Mörder bekommen. Er hatte eine Wette laufen mit seinem Kollegen, Peter Huber, aus Haus A. Wer am

Ende des Jahres die meisten Mörder betreut hatte, ge-
wann eine Flasche Schampus. Jetzt hatte er neben drei
Hells Angels, fünf Trickbetrügern, drei Anwälten und
zwei Umweltaktivisten nur einen Mörder, aber zwei Immobilienmakler.

Der Abschluss

Als Anna zwei Tage später mit Andreas Seifert beim Notar Beck in der Hochstraße saß, konnte sie es fast nicht glauben. Die noch junge Kanzlei direkt an der Hochstraße hatte sie von ihrer Freundin Karin, der Scheidungsanwältin aus Königstein, empfohlen bekommen. Natürlich wollte sie nicht das gleiche Notariat in der Goethestraße wählen, das mit Drängl & Melkers zusammenarbeitete. Anna hatte, nachdem sie Willy den Goldfisch in die Freiheit des großen Teichs entlassen hatte, zu Hause gleich mit dem Eigentümer des Penthouses gesprochen. Sie sagte ihm, dass sie zwar nicht mehr bei Drängl & Melkers arbeiten würde, aber sie hätte eine gültige Lizenz und wäre nun als selbstständige Maklerin tätig, und ob sie ihm einen Kunden bringen dürfte. Seifert, den sie von Johnny Truman empfohlen bekommen hatte, entschloss sich noch während der Besichtigung, das Penthouse zu kaufen. Er hatte es brandeilig, da er sich scheiden lassen wollte und eine neue Bleibe suchte. Seine Frau, Nadine Seifert, hatte ihn mit ihrem Personal-Trainer, einem diplomierten Fitnessökonomen und rassigen Puerto Ricaner aus dem Fitnessstudio „Sportpark Königstein", betrogen und vergnügte sich nun in ihrem Ferienhaus auf Ibiza. Nachdem sie schon einige der gemeinsamen Konten leergeräumt hatte, war Eile geboten. Die gemeinsame Villa in Königstein wollte Seifert ebenso schnell verkaufen, noch am besten, bevor sein untreues Turteltäubchen mit ihrem Galan aus Ibiza zurückkommen würde, und mit Anna Goldmann an seiner Seite könne er sich das gut vorstellen, da sie äußerst gewissenhaft arbeitete, ein professionelles Auftreten hatte, und, das musste er zugeben, auch sehr attraktiv aussah. Gutes Aussehen war sicher kein Hindernis, sondern im „Sales" sicherlich von Vorteil, das wusste Seifert aus seiner langjährigen Berufserfahrung. Außerdem hatte sie ihm sofort alle Unterlagen der Wohnung besorgt und auch den Notartermin kurzfristig organisieren können. Er schätzte es sehr, mit Profis zusammenzuarbeiten. Er würde sie nach dem Termin fragen, ob sie seine Villa in Königstein verkaufen wollte. Seifert war so dick im Geschäft, dass es ihn weder störte, Anna die volle Courtage von 100.000 Euro zu zahlen, noch dass er ein Penthouse

kaufte, bevor er sein Haus in Königstein verkaufen würde. Nach wie vor lief es gut im Investmentsektor und es gab einige Schweizer Konten, von denen seine Frau nichts wusste. Nach dem Notartermin lud Seifert Anna zum Essen ins „Zenzakan" ein, ein sündhaft teures japanisches Lokal in der Nähe des Opernplatzes. Seifert war lustiger als Anna es erwartet hatte. Nach dem dritten perfekten Cocktail, einem vorzüglichen Cranberry-Mojito, waren sie beim „Du" angelangt. Als er Anna fragte, ob sie seine Villa in der Goethestraße in Königstein verkaufen wollte, konnte Anna ihr Glück kaum fassen.

Der zweite Antrag

Als Anna am Freitag mit ihrem roten Mini wieder zum Flughafen fuhr, war sie bester Laune. Sie hatte sich diesmal einen „gemütlichen" Flug gegönnt. Hinflug um 11.00 Uhr und Rückflug erst Sonntag in einer Woche um 21.30 Uhr. Dass Patrick diese Woche noch alleine auf Mallorca geblieben war, wunderte sie zwar zunächst, da er ihr aber glaubhaft versicherte, dass er dort ein interessantes Geschäft abschließen musste, gab sie schließlich mit ihren bohrenden und misstrauischen Fragen auf und freute sich nun auf die gemeinsame Woche mit ihm auf der Insel.

Statt Geldsorgen und Kummer im Gepäck hatte sie diesmal nur ihren 25 kg schweren Koffer dabei. Die zwei Kilo Übergepäck für 50 Euro zahlte sie fröhlich mit einem strahlenden Lächeln beim Einchecken. Die Courtage für den Verkauf des Penthouses würde gewiss überwiesen sein, wenn sie in einer Woche den Rückflug antrat. Sie konnte sich auf Andreas verlassen, er hatte es ihr versprochen und gesagt, er würde sofort den Betrag überweisen. Wie entspannt sich doch ein dickes Konto anfühlen konnte! Sie strahlte, „das Leben meint es gut mit Dir, Anna Goldmann", dachte sie bei sich und lächelte.

Als sie mit ihrem schweren Koffer endlich draußen vor dem Flughafen in Palma stand, war es so warm, dass sie sich Jacke und Pulli ausziehen musste. Der Himmel war stahlblau, und die Sonnenstrahlen wärmten ihren Körper. „Anna". Patrick stand mal wieder unerlaubt im Parkverbot direkt am Ausgang des Flughafengebäudes und winkte ihr lachend zu. Annas Herz machte einen Satz, als sie ihn dort in der Sonne stehen sah. Er sah so gut aus, dachte sie stolz, und er hatte das schönste Lächeln.

Als sie wie immer zum Hafen nach Portals Nous fuhren, hatte Anna ihre Hand auf sein Bein gelegt. „Er hat so lange Beine", dachte sie und musste an die Geschichte von „Daddy longlegs" denken und kicherte vor sich hin. Der Wind brauste durch ihre goldblonden langen Haare. Es war so warm, dass sie das Dach des 6er BMW-Cabrios öffneten. Im Hafen angekommen steuerte Anna das „Cappuccino"-Café an, doch Patrick zog sie in Richtung Steg und sagte ihr, er wolle ihr etwas zeigen. „Wie findest Du sie? Meine zweite große Liebe?" Sie standen nun am ersten Steg vor dem Liegeplatz, wo letzte Woche noch die Cara Mia lag, so dachte sie zumindest, dann las sie den Namen, der am Rumpf des Schiffes in leuchtend blauen Lettern angebracht war: „ANNA".

Bevor Anna etwas sagen konnte, zog er sie weiter auf die Passerelle, dabei war er so aufgeregt wie ein kleiner Junge vor der Bescherung an Heiligabend. „Willkommen an Bord, mein Schatz, das ist unser neues Zuhause!" Anna fiel ihm lachend um den Hals. „Du bist ja total verrückt, das glaube ich nicht!"

Auf der Flybridge tranken sie ein Glas Champagner und freuten sich über ihre neue „Ferienwohnung" auf Malle in Form einer Luxusyacht. „Können wir rausfahren, ich kann es kaum erwarten, in die Buchten zu fahren?" Annas Augen leuchteten. Nachdem der schwere Koffer von Anna auf das Boot gehievt wurde, sie diesen in der luxuriösen Master Suite des Schiffes ausgepackt hatte und noch die Koje der VIP-Suite zur Ablage ihrer sieben Paar mitgebrachten Schuhe benutzte, zog sie sich eine kurze Shorts und ein leichtes T-Shirt an. Die Temperaturen waren auf über 20 Grad geklettert. Es war windstill und die Frühlingssonne hatte hier auf der Insel schon viel Kraft. Patrick machte das Boot klar. Er hatte Rob und Jacky gebeten, mit den beiden gemeinsam aus dem Hafen zu fahren. Gestern hatte er von dem Skipper Mark Cooper eine ausführliche Einweisung erhalten und hatte alle Manöver vor dem Hafenbecken geübt und konnte schließlich sogar selbständig einparken, bei einem Boot von 26 Metern Länge war das schon eine super Leistung, aber heute wollte er sich nur auf Anna konzentrieren. Jacky und Rob waren ein eingespieltes Team. Sie kümmerten sich um die Boote im Hafen. Sie putzte und kochte für die Bootseigner, füllte die Kühlschränke auf, stellte frische Blumen auf den Achtertisch, und er reparierte und schraubte an den Schiffen, war aber auch ein exzellenter und erfahrener Skipper.

Es war gegen drei Uhr, als sie mit der „ANNA" in die Bucht von Sankt Elm fuhren. „Wie schön diese Küste ist", dachte Anna, und wie doch alles so anders aussah, vom Wasser aus. Sie kam sich vor wie Christoph Kolumbus. So muss er sich gefühlt haben, wenn er neues

185

Land entdeckte. Rob machte das Boot an einer Boje fest, und Anna und Patrick legten sich auf die große Liegefläche am Bug des Schiffes. Jacky hatte dort schon die weißen Handtücher hingelegt, und ein Gin Tonic mit Eiswürfeln stand schon in den seitlichen Halterungen.

Damit die beiden den Sonnenuntergang sehen konnten, fuhr Rob das Schiff später raus aus der Bucht auf das offene Meer hinaus. Er drehte das Schiff, sodass Patrick und Anna den Blick auf das Tramuntana-Gebirge im Hintergrund hatten. Rob stellte nun den Motor ab und aktivierte die Stabilisatoren. Das Schiff lag jetzt ganz ruhig im Wasser. Patrick und Anna gingen hoch zur Flybridge, dort stand schon die Flasche Champagner geöffnet im Kühler. Rob und Jacky waren unten in der Küche zugange und bereiteten die Häppchen vor. Anna stand an der Reling und sah, wie die Sonne langsam im Meer versank. Patrick hatte seine Arme von hinten um sie geschlungen und hauchte ihr ins Ohr: „Ich liebe Dich, Anna." Sie drehte sich zu ihm um und küsste ihn leidenschaftlich. Als sie sich voneinander lösten, nahm er beide Hände von Anna in die seinen und kniete sich auf den Boden des Teakdecks: „Anna Goldmann, möchtest Du meine Frau werden?".

Als Anna am nächsten Morgen erwachte, wusste sie zuerst gar nicht, wo sie war. Sie hörte das Knarren der Taue, die gegen die Poller am Hafen rieben. Rob war gestern noch zurückgefahren, damit die beiden die Nacht ungestört und alleine verbringen konnten. „Was für eine Nacht", dachte Anna bei sich und lächelte. Patrick lag neben ihr und schlummerte noch fest. Sie stand leise auf und ging in die Küche, holte sich einen Kaffee aus der eingebauten Juramaschine und ging nur mit dem Nachthemd bekleidet auf die Flybridge. Sie sah, wie die Sonne langsam aufging über dem Hafenbecken. Es war ganz still, wenn man von dem Knarren der Taue und dem Reiben der Fender an den Bootsrümpfen absah. Portals schien noch zu schlafen. Ein leichter Wind wehte und die Feuchtigkeit des Meeres war zu spüren. Sie strahlte, als sie den Diamantring am Finger betrachtete. Anna fröstelte, es war eben noch kein Sommer auf der Insel. Bevor sie die Treppe der Flybridge runterging, grinste sie von einem Ohr zum andern. Sie wusste nun, dass sie stark genug sein würde, es auch alleine zu schaffen, sie würde ihre eigene Marke aufbauen. Wer weiß, vielleicht würden in ein paar Jahren Firmen mit ihrer Marke überall zu sehen sein. Sie konnte es kaum erwarten, bis Patrick aufwachen würde, damit sie ihm von ihrer Idee erzählen konnte, und einen Namen hatte sie auch schon im Sinn…

Nachtrag

Martina Kurz verlor ihre Maklerlizenz. Der Richter befand sie für schuldig, aus Habgier eine Anstiftung zur Tierquälerei mit Todesfolge erwirkt zu haben und verurteilte sie zu 80 Stunden Sozialarbeit, die sie in dem Tierheim in Eschborn ableisten musste. Allerdings wurde sie bereits nach einer Woche krankgeschrieben. Ihre hysterische Panik, im Tierheim Keime oder Ungeziefer zu bekommen, hatte ihr einen großflächigen, nässenden Ausschlag beschert. Eine Woche später wurde sie vom Geschäftsführer der Firma „von Geiss" zu einem Bewerbungsgespräch eingeladen. Sie erhielt dort eine gefälschte Maklerlizenz und arbeitet seitdem dort unter dem falschen Namen „Rosa Meier."

Rosa Meier wurde 2014 zur „Top-Verkäuferin" bei der Maklerfirma „von Geiss" gekürt und erhielt als extra Bonusprämie einen Gutschein von „Jimmy Choo" im Wert von 2000 Euro.

Rosalie Owenson spendete das Haus in Gedenken an ihre Mutter dem American Women's Club. Die Ladies starteten dort sofort ein neues Sozial-Projekt: „Betreutes Wohnen alter Menschen mit Tieren."

„Wie ist der nur in den Teich gekommen?" Annas Eltern, die von ihrer langen Reise aus Neuseeland zurückgekommen waren, staunten nicht schlecht über den prachtvollen, glänzenden Fisch mit dem langen Schwanz. Diese Sorte hatten sie zuvor nicht in ihrem Teich gehabt. Im Brockhaus fanden sie die richtige Abbildung und stellten fest: Er war ein echter Watonai. Außerdem gab es eine wundersame Vermehrung. Es waren deutlich mehr Fische im Teich. Der Goldfisch „Free Willy" hatte sich gut eingelebt und fühlte sich pudelwohl. Er hatte die uneingeschränkte Macht im Teich von Schwalbach und sorgte für reichlich Nachwuchs.

Buddhistische Weisheit

Das, was wir heute sind, folgt aus den Gedanken, denen wir gestern nachgingen und unser gegenwärtiges Denken bestimmt unser Leben, wie es morgen sein wird. Die Schöpfung unseres Bewusstseins, das ist unser Leben. Spricht oder handelt darum ein Mensch mit unreinem Bewusstsein, folgt ihm das Leiden nach, so wie das Rad den Hufen eines Zugtieres folgt.